Philipp Schmidt

Die Syntax des Historikers Herodian

Ein Beitrag zur griechischen Grammatik. Erster Teil

Philipp Schmidt

Die Syntax des Historikers Herodian
Ein Beitrag zur griechischen Grammatik. Erster Teil

ISBN/EAN: 9783337149826

Printed in Europe, USA, Canada, Australia, Japan

Cover: Foto ©Paul-Georg Meister /pixelio.de

More available books at **www.hansebooks.com**

Die

Syntax des Historikers Herodian.

Ein Beitrag zur griechischen Grammatik

von

Philipp Schmidt,
Gymnasiallehrer.

Erster Teil:
Die Präpositionen.

Wissenschaftliche Beilage zum Programm des evang. Gymnasiums zu Gütersloh.

Gütersloh, gedruckt bei C. Bertelsmann.
1891.

1891. Progr. Nr. 345.

Vorbemerkung.

Mit der vorliegenden und einigen weiteren Abhandlungen, die die gesamte Syntax des Herodian umfassen sollen, beabsichtigt der Verfasser, einen Beitrag zur griechischen Grammatik zu liefern. Es kam ihm vor allem darauf an, das Material möglichst vollständig zusammenzutragen und er hegt die Hoffnung, dass ihm bei wiederholter Durcharbeitung des Stoffes jedenfalls Wesentliches nicht entgangen ist; dass sich neben einer ganzen Reihe von Singularitäten auch viel Triviales vorfindet, liegt in der Natur derartiger statistischen Arbeiten und letzteres einfach fortzulassen, konnte sich der Verfasser aus dem Grunde nicht entschliessen, weil er gleichzeitig einige Bei- und Nachträge zur Lexikographie geben wollte.

Der Arbeit liegt die kritische Ausgabe von L. Mendelssohn zu Grunde (Lips. 1883); daneben standen dem Verfasser die Ausgaben von F. A. Wolf (Hal. 1792), Irmisch (Lips. 1789 ff.), Lange (Hal. 1824) und die zweite Bekkers (Lips. 1855) zu Gebote, über deren Wert Mendelssohn in der praefatio pag. IX—XI zu vergleichen ist. Von der einschlägigen Litteratur wurden folgende Monographien benutzt, auf die sich die Namen in der Abhandlung beziehen: Gg. Kettler, nonnullae ad Herodianum rerum Romanarum scriptorem annotationes, Erlangen 1882 — M. Koch, Die Präpositionen bei Isokrates. T. I, Berlin 1889 — F. Krebs, Die Präpositionen bei Polybius, Würzburg 1882 — L. Lutz, Die Präpositionen bei den attischen Rednern. Ein Beitrag zur historischen Grammatik der griechischen Sprache, Neustadt a. d. H. 1887.

Der zweite Teil wird die Syntax des Artikels und der Pronomina sowie die sog. Casuslehre umfassen.

Die Syntax des Historikers Herodian.

Ein Beitrag zur griechischen Grammatik.

I. Die Präpositionen.

I. Allgemeiner Teil.

§ 1. Frequenz.

Es finden sich im ganzen 2916 präpositionale Ausdrücke, die sich in folgender Weise zusammensetzen:

Die einfälligen Präpos. mit dem Genetiv ἀντί 18, ἀπό 67, ἐκ 163, πρό 35, zusammen 283; mit dem Dativ ἐν 446, σύν 57, zusammen 503; mit dem Accusativ ἀνά 2, εἰς 535, zusammen 537.

Die zweifälligen Präpos. διά c. gen. 90, c. acc. 75,

κατά c. gen. 34, c. acc. 152,

μετά c. gen. 73, c. acc. 49,

ὑπέρ c. gen. 37, c. acc. 3;

in Summa mit dem Genetiv 234, mit dem Accusativ 279. Die dreifälligen Präpos.

ἐπί c. gen. 44, c. dat. 106, c. acc. 115,

παρά c. gen. 28, c. dat. 38, c. acc. 20,

περί c. gen. 33, c. dat. 7, c. acc. 75, + 3,

πρός c. gen. 20, c. dat. 7, c. acc. 261,

ὑπό c. gen. 146, c. dat. 51, c. acc. 12,

also 271 Genetive, 209 Dative, 483 Accusative + 3. Es verhält sich demnach bei den zweifälligen Präpositionen der Genetiv zum Accusativ wie 1 : 1,2; bei den dreifälligen Genetiv zu Dativ zu Accusativ wie 1,3 : 1 : 2,3.

Hinzukommen die uneigentlichen Präpositionen, und zwar 80 Genetive, 33 Dative und ein Accusativ, sodass wir im ganzen 868 Genetive, 745 Dative und 1303 Accusative erhalten, deren Verhältnis wie 1,2 : 1 : 1,7 ist; demnach prävaliert der Accusativ auch bei Herodian, wie dies in der ganzen späteren Litteratur von Polybius an der Fall ist, cf. Krebs S. 7.

§ 2. Einschiebungen.

Nicht selten treffen wir unmittelbar hinter der Präposition nicht den von ihr abhängigen Casus, sondern andre Wörter, zumeist Partikeln.

I. γάρ bei ἅμα I, 15, 4. VII, 1, 6. ἐκ I, 4, 2. ἐν III, 6, 4. IV, 14, 7. ἐπί VII, 2, 6. κατά II, 9, 5. μετά VI, 2, 6.

II. γέ bei πρό V, 4, 2.

III. δέ bei ἅμα IV, 15, 1. VII, 4, 5. ἀντί I, 15, 9. εἰς II, 9, 2. ἐκ I, 13, 3. II, 7, 2. IV, 2, 11. ἐν I, 11, 2. II, 1, 4. IV, 2, 3. IV, 2, 5. V, 2, 3. V, 6, 10. VII, 2, 5. VII, 9, 1. VIII, 1, 5. ἐπί I, 17, 2. II, 12, 7. κατά I, 17, 4. II, 6, 8. III, 3, 3. IV, 13, 4. μετά IV, 2, 6. V, 6, 9. περί IV, 12, 8. ὑπέρ VIII, 7, 6. ὑπό I, 4, 7. I, 12, 3. V, 3, 3. VII, 10, 7.

IV. δή bei διά IV, 7, 7. εἰς IV, 2, 8. πρός II, 1, 5. III, 14, 8. VII, 9, 2. χάριν V, 3, 9.

V. μέν bei ἀπό VII, 2, 5. ἐν IV, 2, 3. VIII, 1, 5. ἐπί IV, 2, 5. μέχρι VI, 9, 5. πρός VI, 3, 7. VIII, 5, 3. ὑπέρ V, 4, 8.

VI. μὲν γάρ bei ἐπί II, 10, 7.

VII. μὲν δή bei κατά III, 3, 3.

VIII. μὲν οὖν bei κατά III, 2, 9. μέχρι I, 8, 3. I, 12, 8. I, 15, 7.

IX. τέ bei ἄνευ VII, 11, 5. ἀπό IV, 8, 3. IV, 15, 2. VI, 4, 7. VII, 3, 4. διά II, 8, 7. II, 9, 13. III, 3, 1. III, 4, 7. IV, 8, 6. [V, 5, 3.] V, 6, 6. VI, 9, 4. VIII, 4, 1. VIII, 4, 4. VIII, 5, 5. VIII, 8, 4. εἰς I, 7, 6. I, 12, 8. I, 17, 9. II, 2, 10. II, 3, 11. II, 4, 1. II, 4, 4. II, 7, 3. II, 8, 6. II, 9, 1. III, 4, 6. III, 5, 1. III, 5, 2. III, 15, 7. IV, 2, 4. IV, 4, 5. IV, 6, 4. IV, 7, 3. IV, 9, 3. V, 3, 9. V, 6, 7. V, 8, 6. VI, 1, 6. VI, 4, 7. VI, 8, 4 bis. VI, 9, 8. VII, 4, 1. VIII, 5, 2. VIII, 6, 8. VIII, 7, 7. ἐκ I, 15, 1. II, 8, 4. II, 14, 6. III, 4, 5. IV, 4, 7. VI, 3, 4. VI, 7, 3 bis. VI, 7, 8. VII, 1, 1. VII, 7, 5. VII, 12, 1. VIII, 4, 11. ἐν II, 4, 1. II, 4, 7. II, 4, 9. II, 5, 1. II, 7, 9. II, 14, 1. III, 11, 2. III, 14, 6. IV, 4, 1. IV, 7, 3. IV, 10, 5. IV, 14, 5. VII, 2, 9. VII, 5, 2. VII, 5, 5. VII, 5, 7. VII, 10, 4. VII, 12, 6. VIII, 3, 7. VIII, 6, 1. VIII, 8, 2. ἐντός VII, 11, 9. ἐπί II, 4, 7. IV, 7, 2. V, 4, 3. VI, 1, 1. VI, 8, 8. VII, 1, 9. VIII, 4, 11. κατά III, 8, 10. VII, 3, 6. VIII, 7, 5. μετά II, 6, 12. IV, 14, 7. παρά I, 3, 3. II, 6, 7. IV, 10, 5. περί I, 8, 4. II, 2, 3. III, 14, 4. V, 3, 8. V, 5, 9. VII, 2, 5. πρό II, 11, 9. πρός I, 2, 5 bis. II, 10, 2 bis. II, 10, 4 bis. III, 10, 3. III, 10, 8. III, 15, 6. IV, 15, 3. V, 6, 8. VI, 7, 3. VII, 6, 3. σύν VIII, 7, 7. ὑπέρ II, 6, 13. ὑπό I, 12, 9. II, 7, 6 bis. III, 1, 1. IV, 7, 1. V, 3, 8. V, 4, 11. V, 5, 1. V, 6, 10. V, 8, 5. VIII, 7, 1.

X. τὲ γάρ bei ἀπό I, 15, 5.

XI. τὲ οὖν bei ἐκ VI, 3, 1. πρός IV, 15, 5.

XII. οὖ bei μετά in der Formel μετ᾽ οὖ πολύ I, 9, 7. IV, 10, 1. IV, 13, 3. V, 6, 2. VI, 9, 7.

XIII. Bei μεταξύ findet sich einmal (III, 1, 4) ὄν und einmal (III, 8, 10) χρόνος eingeschaltet, auch πλησίον (I, 7, 3) ist durch αὐτοῦ von seinem Casus getrennt; dagegen werden ausser den angeführten Partikeln bei den eigentlichen Präpositionen andre Wörter nicht zwischengeschoben, sondern nachgestellt, z. B. ἐν μικρῷ πάνυ σώματι IV, 7, 7.

§ 3. Abundanz.

I. Bei den copulativen Partikeln.

a) καί: Bei einfachem καί ist die Auslassung der Präposition im zweiten Gliede das Regelmässige, die Wiederholung derselben findet sich nur an vier Stellen:

ἐν τῇ ἡμεδαπῇ καὶ ἐν πολλοῖς βαρβάροι; I, 1, 4. ἐν τῷ Καπετωλίῳ καὶ ἐν ἄλλοις; ἱεροῖς IV, 8, 1. διὰ δηλητηρίων φαρμάκων καὶ διὰ πάσης ἐνέδρας IV, 5, 4. κατὰ ἔθνη καὶ κατὰ συστήματα IV, 10, 3.

b) τέ: ἐς τὸ στρατόπεδον ἔς τε τὸν νεών IV, 4, 5. σὺν τοῖς δορυφόροις σύν τε τοῖς ... στρατευομένοις VIII, 7, 7.

c) τέ — καί: ἔκ τε τῆς ι. κ. γνώμης καὶ ἐκ τοῦ μηδένα εἶναι τὸν ἀνθεστῶτα II, 8, 4. πρός τε τὴν κόρην διέκειτο καὶ πρὸς τὸν πατέρα αὐτῆς III, 10, 8. κατά τε πόλεις καὶ κατὰ ἔθνη VII, 3, 6. ἔν τε προςόδοις πλουσίαις καὶ ἐν ποικίλῃ πολυτελείᾳ VII, 12, 6. κατά τε ἔθνη καὶ κατὰ πόλεις VIII, 7, 5.

d) τέ — τέ: πρός τε τοὺς . . . . [. .] κατοικοῦντας πρός τε τοὺς . . . ποιουμένους τὸν βίον I, 2, 5. ὑπό τε τῶν περὶ αὐτὸν στρατιωτῶν ἀμελεῖσθαι ὑπό τε τοῦ δήμου καταφρονεῖσθαι II, 7, 6. ἔκ τε ὧν ἐπεπόνθεσαν ἔκ τε ὧν ἐπυνθάνοντο VI, 7, 3.

e) οὐ μόνον-ἀλλὰ καί: οὐ μόνον πρὸς τὸ ἀπομάχεσθαι ἀλλὰ καὶ πρὸς τὸ . . . . ἀγωνίζεσθαι V, 4, 4.

II. Bei den disjunctiven Partikeln.

a) ἤ: κατὰ μετώπου ἢ κατὰ καρδίας I, 15, 4.

b) ἤ — ἤ: ἢ ἐπὶ τῇ αὐλείῳ ἢ ἐπὶ ταῖς λοιπαῖς εἰςόδοις II, 5, 3. ἢ κατὰ πολεμίων ἢ κατὰ θηρίων VI, 5, 4. ἢ διὰ κρημνοὺς . . . ἢ διὰ πετρῶν τραχύτητα VIII, 1, 6.

c) εἴτε — εἴτε: εἴτε διὰ δυσθυμίαν εἴτε διὰ τὴν τοῦ ἀέρος ἀήθειαν VI, 6, 1. εἴτε ἐφ' ὑμῶν (. .) εἴτε ὑπὸ Ῥωμαίων VIII, 7, 6.

III. Bei den adversativen Partikeln.

a) ἀλλὰ μή: ὑπὸ θεῶν ἀλλὰ μὴ ὑπ' ἀνθρώπων VIII, 3, 9.

b) οὐκ — ἀλλά: οὐκ ἐκ τῆς βασιλείου προελθεῖν οἰκίας; ἀλλ' ἐκ τοῦ . . καταγωγίου I, 16, 3. οὐ ἐπ' ὀλέθρῳ τῷ σῷ ἀλλ' ἐπὶ σωτηρίᾳ II, 1, 8. οὐ γὰρ ἐν τῇ καθέδρᾳ ἀλλ' ἐν τοῖς ἔργοις II, 3, 7. οὐκ ἐς ἐκεῖνον ἀναφέρομεν ἀλλ' ἐς τοὺς περὶ αὐτὸν κύλακας II, 10, 3. οὐ πρὸς χάριν ἀλλὰ πρὸς ἀλήθειαν III, 7, 3. οὐκ ἐς τὴν παροῦσαν αὐτοῦ τύχην ἀλλ' ἐς τὰ . . . σπάργανα VII, 1, 2. οὐκ ἐς σύνηθες; συνέδριον ἀλλ' ἐς τὸν τοῦ Διὸς νεών VII, 10, 2. οὐκ ἐξ ἄλλου κελεύσεως; ἀλλ' ἐξ οἰκείας ἀνάγκης VIII, 3, 6. οὐκ ἐς κωλύμην οὐδ' ἐς ἀντίστασιν . . . ἀλλ' ἐς τὸ περιποιῆσαι VIII, 8, 5.

IV. Bei Negationen.

a) οὐ: ἐν πλήθει ὄχλου οὐκ ἐν εὐταξίᾳ στρατοῦ VII, 9, 4.

b) οὐ — δέ: οὐ γὰρ περὶ ὅρων . . . περὶ τοῦ παντός δε IV. 14, 6.

c) οὐκ — οὐδέ: οὐκ ἐς κωλύμην οὐδ' ἐς ἀντίστασιν VIII, 8, 5.

d) οὔτε — οὔτε: οὔτε ἐν ταῖς προςαγορεύσεσιν οὔτε ἐν ταῖς; προόδοις V, 8, 4.

V. Bei ὡς: ταῦτα ὑπὸ Ῥωμαίων ὡς ὑπὸ βαρβάρων πάσχουσι VII, 12, 3.

II. Specieller Teil.

§ 4. Die Präpositionen mit einem Casus.

a) Die Präpositionen mit dem Genetiv.

1. Ἀντί.

Der Gebrauch bietet wenig Eigentümliches dar; es bezeichnet ἀντί a) die Vertauschung von Personen oder Sachen; bei Personen γένεσθε δὴ οὖν αὐτῷ ὑμεῖς ἀνθ' ἑνὸς ἐμοῦ πατέρες πολλοί I, 4, 4. ἀντὶ λῃστοῦ δεσπότην ἕξειν καὶ βασιλέα I, 10, 7. ἀντ' ἐκείνου . . ἄγομεν — ἄνδρα κτλ.

II, 2, 7. ἐχθρὸς μὲν ἀντὶ φίλου πολέμιος δὲ ἀντὶ οἰκείου III, 6, 5. φίλῳ ἀντὶ ἐχθροῖ χρῆσθαι IV, 15, 8. πιστὸν φίλον ἀντ' ἐχθροῦ δυσμάχου ἐποιήσαμεν V, 1, 4. φίλον ἀντὶ πολεμίου δέχεσθαι VIII, 3, 2, oder deren Namen ἀντὶ Κομόδου καὶ Μάρκου υἱοῦ Ἡρακλέα τε καὶ Διὸς υἱὸν αὐτὸν κελεύσας καλεῖσθαι I, 14, 8. ἀντὶ Γερμανικοῖ „μονομάχους χιλίους νικήσαντος" I, 15, 9. — bei Sachen κιττὸν . . . ἀντὶ καυσίας καὶ διαδήματος Μακεδονικοῦ, θύρσον δὲ ἀντὶ σκήπτρου I, 3, 3. ἀντὶ τῆς . . . πορφύρας ὅπλα . . . φέρων I, 16, 3. ἀντὶ πολέμων εἰρήνην VIII, 2, 4. εἰρήνην ἀντὶ πολέμου VIII, 3, 4. ἀντὶ πολέμου εἰρήνην VIII, 7, 4.

b) Die Stellvertretung μισθοφόρους . . . στρατιώτας καταστησάμενος ἀντὶ τείχους τῆς Ῥωμαίων ἀρχῆς II, 11, 5 und ταύταις (sc. ταῖς τοῦ Θύμβριδος ἐκβολαῖς) ἀντὶ λιμένων ἐχρῶντο οἱ Ῥωμαῖοι I, 11, 3 in dem Sinne „in Ermangelung eines Hafens gebrauchten die Römer die Tibermündungen als solchen.

2. Ἀπό.

I. Es bedeutet rein lokal: von irgend einem Orte oder einer Person weg a) bei Verben: ἀναχωρεῖν ἀπὸ τῶν πεδίων VII, 2, 5 — ἀπαίρειν [ἀπὸ] τῆς Ῥαβέννης (die Parenthese rührt von Mendelssohn her) VIII, 7, 1 — ὑφίεσθαι ὥσπερ ἀπὸ τινος ἐπάλξεως IV, 2, 11 — ἀφικνεῖσθαι ἀπὸ τοῦ Σεβήρου III, 5, 7 — ἐπάγεσθαι ἀπὸ τῆς ἀνατολῆς VI, 7, 8 — ἔρχεσθαι ἀπὸ τοῦ λουτροῦ I, 17, 8 — ἀπὸ Ἰλίου V, 6, 3 — ἀπό τε Αἰγύπτου VI, 4, 7 — ἀπὸ Γερμανίας VIII, 7, 8 — θεᾶσθαι ὡς ἀπ' ἀσφαλοῦς τοῦ τόπου III, 4, 5 — κατάγειν ἀπὸ τῆς πόλεως V, 6, 6 — κομίζεσθαι ἀπὸ Τροίας I, 14, 4 — κατακομιζεσθαι ἀπὸ τῆς ἠπείρου — ὑπὸ θαλάσσης III, 2, 3 — λαμβάνειν ἀπὸ τῶν τειχῶν VIII, 5, 4 — μεταπέμπεσθαι ἀπὸ Σπάρτης IV, 8, 3 — ὁδεύειν ἀπό τε μεσημβρίας VII, 3, 4 — ὁδοιπορεῖν ἀπὸ τῆς Ἀκυληίας VIII, 6, 5 — ὁρμᾶσθαι ὡς ἀπὸ στρατοπέδων III, 2, 10 — περαιοῦσθαι ἀπὸ τῆς Βρεττανίας III, 7, 1 — ῥίπτειν (ἑαυτὸν) ἀπὸ τοῦ σκίμποδος VII, 5, 4 — συνελθεῖν ἀπὸ πάσης χώρας IV, 9, 4.

b) Bei Substantiven ἡ ἀπὸ Ἰλίου ἄφιξις I, 14, 4 — λίθων βολὴ ἀπὸ τῶν δωματίων II, 6, 13 — περιελεῖται ἀπ' ἐκείνων τῶν ἐθνῶν II, 8, 7 — τὴν ἀπὸ τῆς Εὐρώπης διάβασιν III, 1, 6.

c) Zur Angabe des Ausgangspunktes ἀπὸ τῆς ἀρκτῴας θαλάττης ἐπὶ . . . II, 11, 8 — ἀπὸ τῆς Ῥώμης (wenn man von Rom ausgeht) II, 13, 9 — ἀπὸ γῆς ἐς οὐρανόν IV, 2, 11 — ἀπ' ὀνύχων ἐς μηροὺς V, 3, 6, sowie das formelhafte ἀφ' ἑστίας III, 15, 4.

d) Hierher gehören auch ἀπὸ καμήλων IV, 14, 3 — ἀπὸ θ' ἵππων καὶ καμήλων IV, 15, 2. Die lokale Bedeutung schwebt auch noch vor bei den Begriffen der Trennung oder Befreiung, und der Unterscheidung von etw., wenn auch zum Teil metaphorisch; es finden sich folgende Verba: ἀναπνεῖν ἀπὸ τῆς πικρᾶς καὶ ἀκολάστου τυραννίδος II, 1, 3 — διαγιγνώσκειν τὰς βασιλικὰς (ῥάβδους) ἀπὸ τῶν ἰδιωτικῶν VII, 6, 2 — μετοχετεύεσθαι ἀπὸ τῶν παιδείας καλῶν I, 3, 1 — συναποδιδράσκειν ἀπὸ τῶν αὐτῶν ἔργων I, 10, 1.

II. Der temporale Gebrauch zur Bezeichnung „von einer Zeit an, seit" ist durch vier Stellen vertreten: πάντα τὸν ἀπὸ τοῦ Σεβαστοῦ χρόνον I, 1, 4 — τὴν ἀπ' Αἰνείου . . . ἐς αὐτοὺς διαδοχήν I, 11, 3 — τὴν οὕτως ἔνδοξον καὶ ἐνάρετον ἀπὸ προγόνων ἀρχήν II, 8, 2 — ἀπὸ Κύρου τοῦ πρώτου — μέχρι Δαρείου VII, 2, 2.

III. Es wird gebraucht, um Abstammung und Herkunft, auch im übertragenen Sinne zu bezeichnen: ἀπό τε Ἰνδῶν καὶ Αἰθιόπων I, 15, 5 — τῶν ἀπὸ τῶν ἀρκτῴων μερῶν nach Bekkers Emendation für ὑπὸ III, 4, 3 — θηρίων — τῶν ἀπὸ πάσης γῆς III, 8, 9 — ἀπ' Ἐμέσου „aus E. herstammend" V, 3, 2 — ἀπό τινος κώμης VI, 8, 1 — τοξόται οἱ ἀπὸ τῆς ἀνατολῆς VIII, 1, 3 — λογάσιν ἀπ' Ἰταλίας πάσης ἀνδράσιν VIII, 5, 5 — τοὺς δὲ ἀπὸ Ῥώμης ἐπιλέκτους καὶ τοὺς ἀπὸ Ἰταλίας λογάδας VIII, 6, 5 —; metaphorisch sind ἀφ' οὗ (sc. τοῦ ποταμοῦ Γάλλου) τὴν ἐπωνυμίαν φέρουσιν οἱ τῇ θεῷ τομίαι ἱερωμένοι I, 11, 2 — ἀπὸ τῆς Ἑλλάδος φωνῆς ἐς τὴν ἐπιχώριον παραχθέν

I, 16, 1 — προςηγορίας ἀπὸ τῶν ἐθνῶν τῶν κεχειρωμένων III, 9, 12. — Ἀφρικανὸν ἐκάλεσαν ἀφ' ἑαυτῶν = nach sich, nach ihrem Namen VII, 5, 8; zu dieser Bedeutung des ἀπό gehört auch τοὺς ἀπὸ συγκλήτου βασιλέας die vom Senat gewählten Könige VIII, 8, 6.

IV. Unsere Präposition bezeichnet auch das Amt oder den Stand, dem jemand angehört: πάντα τὰ ἀπὸ τῆς σκηνῆς alles, was der Bühne angehörte V, 7, 6 — und οἱ ἀπὸ τῆς βουλῆς VII, 1, 4 — VII, 9, 1 — VII, 11, 1, dagegen bedeutet οἱ ἀπὸ ὑπατείας VII, 1, 9 — VII, 11, 3 — VIII, 2, 5 solche „qui aliqua re negotiove perfuncti sunt" (Vig.⁴ p. 580); hieran reihen sich drei vereinzelte Ausdrücke: πρεσβείαν ἐκπέμπει ἀπὸ τῶν ἐξοχωτάτων τῆς βουλῆς eine aus den ersten Senatoren bestehende Deputation II, 12, 6 — πρεσβείας ἐπεμπον ἀπὸ τῶν πρωτευόντων ἀνδρῶν VIII, 7, 2 und αἱ ἀπὸ Ἰταλίας πόλεις die zu Italien gehörenden Städte VIII, 7, 2.

V. Einmal haben wir ein kausales ἀπό in dem Ausdruck δέος ἀπὸ Βρεττανίας II, 15, 5.

VI. Schliesslich bezeichnet der präpositionale Ausdruck die „Quelle des Gewinnes und Vorteils" (Lutz p. 46): πρόςοδοι αἱ ἀπὸ θαλάττης III, 1, 5.

3. Ἐκ (ἐξ).

I. Rein local bezeichnet die Präposition den „Ausgangspunkt einer Bewegung", bei folgenden Verben: ἀθροίζειν und ἀθροίζεσθαι ἐκ τῶν στρατοπέδων III, 1, 3 — ἔκ τε τῶν περικειμένων πόλεων καὶ ἀγρῶν III, 4, 5 — ἔκ τε αὐτῆς Ἰταλίας κτλ. VI, 3, 1 — ἀναρρίπτεσθαι (hervorstürzen) ἐξ ὑπογαίων I, 15, 6 — ἀποδιδράσκειν ἐκ τῆς Ἀντιοχείας III, 4, 6 — ἀφίεσθαι ἐκ τοῦ . . . κατασκευάσματος IV, 2, 11 — ἐπάγεσθαι ἐκ τῆς Ὀσροηνῶν χώρας VI, 7, 8 — κατασπᾶν ἐκ τῶν σημείων VIII, 5, 9 — καταφέρεσθαι ἐξ οὐρανοῦ I, 11, 1 — κατέρχεσθαι ἐκ τῶν ἀγρῶν VII, 4, 6 — μεταπέμπεσθαι ἐκ τῶν πόλεων II, 14, 6 — ὁδεύειν ἐξ ἀνατολῶν ἢ δύσεως VII, 3, 4 — ὁρμᾶσθαι ἐκ τῶν πόλεων III, 2, 10 — πίπτειν ἐξ οὐρανοῦ I, 11, 1 — προέρχεσθαι οὐκ ἐκ τῆς βασιλείου . . . οἰκίας ἀλλ' ἐκ τοῦ . . . καταγωγίου I, 16, 3 — συνθεῖν ἔκτε Ἰταλίας πάσης κτλ. I, 15, 1 — συρρεῖν ἐκ τῶν ὅρων III, 3, 2 und metaphorisch von Personen ἐξ ἀγρῶν VIII, 2, 4 — φέρεσθαι ⟨ἐκ⟩ τοῦ στρατοπέδου, wo ἐκ von Stephanus eingefügt ist II, 5, 2.

Daran reihen sich einige andere Verbindungen, in denen der präpositionale Ausdruck rein lokal ist: τὰ ἐκ τῆς Ῥώμης δηλούμενα II, 7, 7 — ἐκ δημοσίων καὶ ἱερῶν τόπων λαμβάνειν II, 11, 7 — πίνειν ἐκ τοῦ παραρρέοντος ποταμοῦ VIII, 5, 7 — ὑποδέχεσθαι ἔκ τε τῶν ναῶν καὶ τῶν θησαυρῶν τὰ χρήματα IV, 4, 7 — auch ἐσώθησαν ἐκ τῆς μάχης VII, 9, 10.

Zuweilen dient ἐκ zur Bezeichnung des Standpunktes, von dem aus etwas geschieht μὴ ὥσπερ ἐξ ὀχυρᾶς ἀκροπόλεως ἐπιθῆναι I, 6, 3 — ἐξ ἀσφαλοῦς βάλλειν I, 12, 8 — ἐξ ἀσφαλοῦς ἀκοντίζειν I, 15, 2 — ὥσπερ ἐξ ἀκροπόλεως VII, 1, 3 — μάχεσθαι ἐξ ὑπερκειμένων χωρίων VIII, 2, 1. — ἐξ (Ven.) ἐπάλξεών τε καὶ πύργων ἀπομάχεσθαι VIII, 4, 7 — übertragen ἐξ ἀντιστάσεως ἰσορρόπου καὶ φανερᾶς ἐφόδου συστῆναι I, 10, 4.

II. Temporal bezeichnet ἐκ den Zeitpunkt, von dem an etwas geschieht ἐξ ἑωθινοῦ ἐς ἑσπέραν IV, 15, 4 — ἐκ παίδων III, 15, 5 — VI, 2, 3 — VI, 5, 4 — ἐκ πατέρων II, 15, 1 — ἐκ προγόνων III, 5, 2 — VII, 7, 5 — ἐκ τριγονίας I, 7, 4 — ἐξ ἀρχῆς V, 1, 3, auch τὴν ἐξ ἀρχῆς προαίρεσιν V, 1, 2 — ἐξ ἐκείνου (sc. χρόνου) IV, 2, 11 — IV, 3, 1 — ἐξ οὗ II, 11, 5 — ἐξ ὧν II, 10, 8 — ἐξ οὗπερ III, 1, 4 — V, 6, 3 — ἐκ περιόδων χρόνου heisst „nach Ablauf einer bestimmten Zeit" I, 9, 2, ebenso ἐκ περιόδου III, 11, 6.

III. Ἐκ dient 1. bei Sachen zur Bezeichnung des Stoffes, aus dem etwas gemacht wird: τῶν (sc. γραμματείων) ἐκ φιλύρας ἠσκημένων I, 17, 1 — ἔργον . . . γεγενημένον ἐκ τετραπέδων λίθων VIII, 4, 2 — τά τε ἐκ βυρσῶν τε καὶ ξύλων VIII, 4, 10. — 2. bei Personen zur Bezeichnung von Heimat, Herkunft, Ursprung, auch Zugehörigkeit γένος ἐκ τῶν τῆς συγκλήτου βουλῆς ἐπισήμων I, 7, 4 — ἐκ τῆς ἐσχάτης εὐτελείας I, 13, 6 — ἐξ ἰδιωτικοῦ καὶ ἀσήμου γένους

II, 3, 1 — τῷ οἰκείῳ καὶ ἐκ γένους ὀνόματι II, 6, 11 — τὸ γένος τῶν ἐκ συγκλήτου εὐπατριδῶν II, 15, 1 — τοῖς ἐξ ἀνατολῆς ἀνθρώποις III, 8, 6 — ἐκ μικρᾶς καὶ εὐτελοῦς τύχης III, 10, 6 — γένος . . . ἐξ εὐπατριδῶν IV, 6, 3 — ὄντα με ἐκ τῆς ἱππάδος τάξεως V, 1, 5 — οἱ ἐκ μετρίων πράξεων V, 1, 7 — ἐξ ἰδιωτικῶν σπαργάνων V, 1, 8 — ἔγγονον ἐκ τῆς ἑτέρας θυγατρός V, 7, 1 — τοῖς ἐξ ἐκείνου τοῦ γένους VI, 2, 7 — τοὺς ἐκ τοῦ Ἰλλυρικοῦ στρατιώτας VI, 7, 3 — ἐξ εὐτελείας τῆς ἐσχάτης VII, 1, 1 — τοὺς ἐκ τῶν ἀγρῶν νεανίσκους VII, 4, 3 — ἐκ πολλῶν ἡγεμονιῶν VII, 5, 2 — ἐπιλεχθέντων ἀνδρῶν ἔκ τε τῆς συγκλήτου αὐτῆς καὶ τοῦ ἱππικοῦ τάγματος VII, 7, 5 — ἐκ τοῦ ἱππικοῦ τάγματος VII, 10, 7 — κατελέγοντο ἐκ πάσης Ἰταλίας λογάδες VII, 12, 1 — ἐξ εὐγενείας καὶ πολλῶν πράξεων VIII, 7, 4 — ἔχοιεν ἐκ συγκλήτου βασιλέας VIII, 8, 1; auch die Herkunft eines Namens wird durch ἐκ ausgedrückt: τὴν προσηγορίαν λαβεῖν τὸν τόπον ἐκ τοῦ πεσόντος ἀγάλματος I, 11, 2, wofür III, 9, 12 ἀπό gebraucht wird. Die Zugehörigkeit bei Sachbegriffen findet sich in folgenden Stellen σκεῦος τῶν ἐκ τοῦ θαλάμου II, 1, 1 — δορύτιά τε ἐκ κυνηγεσίων VII, 9, 6 — εἴ τινες ἦσαν στέφανοι χρυσοῖ (wie ich vermute für χρυσοῦ) ἐξ ἀναθημάτων Kränze, die zu den Weihgeschenken gehörten VIII, 7, 2. Noch abgeschwächter erscheint ἐκ als Vertretung des genetivus partitivus ὡί τέ τινες ἐκ τῶν φριγόντων III, 2, 9 — ἦσαν δέ τινες ἐξ αὐτῶν V, 3, 10 — ὀλιγίστους πάνυ ἐκ πολλῶν VI, 6, 3 — πολλῶν καὶ ἐξ ἐκείνης τῆς μοίρας ἀπολωλότων VI, 6, 3 — ὀλίγοι ἐκ πολλῶν ἐσώθησαν VII, 9, 8; vielleicht kann man hierhin auch ziehen τοσοῦτον ἀποκερδήσας ὅσα ἂν ἐξ ἁρπαγῆς αὐτῷ περιγένηται VI, 5, 3 im Sinne von quidquid de praeda superest.

Die Veränderung aus einem früheren Zustande in einen neuen bieten folgende Stellen dar: πολλοὺς ἐκ πλουσίων πένητας ἐποίησεν I, 14, 3 — πάντας ἐξ ὠμῆς καὶ ἐφυβρίστου τυραννίδος ἐς σώφρονα καὶ ἀμέριμνον βίον μεταχθέντας II, 4, 2 — τῆς βασιλείας ἐκ τυραννίδος ἐφυβρίστου ἐς ἀριστοκρατίας τύπον μεταχθείσης VI, 1, 2 — ἔκ τε πραείας καὶ πάνυ ἡμέρου βασιλείας ἐς τυραννίδος ὠμότητα μετάγειν VII, 1, 1 — πολλοὺς ἐκ πλουσίων ποιῆσαι πένητας VII, 12, 6, endlich auch Κύρου τοῦ πρώτου τὴν ἀρχὴν ἐκ Μήδων ἐς Πέρσας μεταστήσαντος VI, 2, 2.

IV. Ἐκ dient dazu, den äusseren wie inneren Grund für eine Thätigkeit oder einen Zustand auszudrücken: a) äusserer Grund: ἐκ τοῦ σεισμοῦ in Folge des Erdbebens I, 14, 2 — ἐξ ὧν (sc. ἐλὼν) τῆς ἀναθυμιάσεως καὶ παχύτητος ὁ ἀὴρ ζοφώδης φαίνεται III, 14, 8 — ἐκ τοῦ τοιούτου VIII, 4, 11 — πάντα ὑπάρχει . . . ἐκ πολλῆς παρασκευῆς VIII, 5, 3. — b) innerer Grund: ἐκ γὰρ ὧν αὐτὸς διάκειμαι πρὸς ὑμᾶς ἀμοιβαίαν εὔνοιαν εἰκότως ἤλπικα I, 4, 2 — φόβον ἐξ ὠμότητος Furcht in Folge von Roheit I, 4, 5 — ἐξ ἀνάγκης δουλεύειν I, 4, 5 wofür III, 4, 7 δι' ἀνάγκης — ἐκ τοιαύτης αἰτίας I, 11, 1 — ἐξ αἰτίας τοιαύτης I, 12, 3 — ἐκ διαφόρου καὶ ἐναντίας γνώμης I, 13, 3 — [ἐκ τῶν κατειλημφότων I, 14, 6 von Bekker² getilgt] — ἐκ τῆς ἀποβάσεως I, 14, 6 — ἐκ ταύτης [τῆς τόλμης καὶ] τῆς αἰτίας II, 7, 2 — ἐκ ὑμῆς προαιρέσεως κτλ. . . . ἀνεπειθόμην II, 8, 2 — ἔκ τε τῆς τῶν καλούντων γνώμης καὶ ἐκ τοῦ μηδένα εἶναι τὸν ἀνθεστῶτα II, 8, 2 — ἐκ προαιρέσεως III, 4, 7 -- ἐξ ἰσοτίμου φιλοτιμίας III, 6, 4 -- ἐξ ἀδικίας und ἐκ τῆς τυχούσης αἰτίας III, 8, 8 — συμφορᾶς ἐκ στάσεως III, 13, 3 — ἐκ τῆς τυχούσης διαβολῆς IV, 6, 2 — ἐξ ἀνάγκης VI, 3, 4 — ἐκ τῆς ἀγαθῆς συνειδήσεως VI, 3, 4 — ebenda an Stelle eines Causalsatzes ἐκ τοῦ μὴ ἀδικεῖν ἀλλ' ἀμύνεσθαι ὑπάρχει τὸ εὔελπι. — κεχυῆσθαι συμφορᾶ ἐκ τε ὧν ἐπεπόνθεσαν . . . ἐκ VI, 3, 4 — ἐκ συνειδήσεως εὐγενοῦς VII, 1, 3 — ἐκ μικρᾶς καὶ εὐτελοῦς διαβολῆς VII, 3, 3 — ἐκ μικρᾶς καὶ εὐτελοῦς προφάσεως VII, 4, 1 — αἰτίας τοιᾶσδε VII, 4, 1 — ἐκ τῆς παρούσης τύχης VII, 7, 2 — ἐκ τινος ἀγοραίου διαφορᾶς VII, 9, 2 — οὐκ ἐξ ἄλλου κελεύσεως ἀλλ' ἐξ οἰκείας ἀνάγκης VIII, 3, 6 — ἐξ ὑποψίας ἀληθείας VIII, 5, 6 — οὐκ ἐξ ἀληθοῦς διαθέσεως VIII, 7, 2 — ἐξ ἀνάγκης VIII, 7, 2.

V. Ἐκ giebt ferner den Ort, selten die Person an, woher oder von der für jemand Nutzen oder Schaden ausgeht: a) Personen τῇ ἐκ τοῦ παρόντος πλήθους ἀνάγκῃ: II, 2, 9 durch

11

den Zwang, der von der anwesenden Menge ausgeht oder ausgeübt wird — μή τι δεινὸν ἐκ τῆς
ἐσομένης ἀρχῆς πάθοιεν II, 6, 3 — τὸ ἐκ Σεβήρου δέος III, 4, 7 — ἐπιβουλὴν ἐκ τοῦ Μακρίνου
IV, 13, 7 — τὸν ἐκ Περσῶν κίνδυνον οἷον τὸν ἐκ Γερμανῶν VI, 7, 4. — b) Sachen οὐκ εἰδότες ὅτι
τὸ μεγάλα . . . χαρίζεσθαι οὐκ ἄν περιγένοιτο εἰ μὴ ἐκ τοῦ ἁρπάζειν καὶ βιάζεσθαι II, 3, 9 — ἐξ
ἑκατέρου τῶν στοιχείων πλεῖστα ἐκέρδαινεν III, 1, 5 — ὅσα . . . ἤθροισέ τε καὶ κατέκλεισεν ἐξ
ἀλλοτρίων συμφορῶν IV, 4, 7 — ἐξ ἐπιδρομῆς ἢ φυγῆς κερδαίνειν VI, 3, 7 — πταῖσμα . . . ἀρχὴν
καὶ πρόφασιν λαβὼν ἐξ εὐτόλμου θράσους δύο ἀνδρῶν VII, 11, 1.
    VI. Instrumental möchte ich den Gebrauch von ἐκ in folgenden drei Fällen nennen
τὸ . . . ἦθος ἐκ τῶν ἔργων ἐδηλοῦτο III, 5, 6 — κατεσκεύασται . . . τετράγωνον . . . ἐκ μόνης
συμπήξεως ξύλων IV, 2, 6 — οὐκ ἐκ προνοίας ἀλλ' ἐξ αὐτοσχεδίου καὶ ἐπειγούσης ὑπηρεσίας τὰ
χρειώδη . . ἠθροίζετο VII, 8, 11.
    VII. Zahlreich sind endlich a) die periphrastischen Wendungen und b) die adverbialen
Ausdrücke, die mit ἐκ gebildet werden: a) τὰ ἐξ ἔθους das Gewöhnliche IV, 12, 7 — θηρίων ἐξ
ἀντιστάσεως μάχας Nahkampf mit Tieren I, 13, 8 — τὴν ἐκ συστάσεως μάχην Fusskampf oder
Nahkampf IV, 15, 3 — auch VI, 3, 7 — τὰς ἐξ ἐπιδρομῆς ἁρπαγάς die räuberischen Einfälle
VII, 9, 1. — ἐκ μιᾶς φωνῆς einstimmig I, 4, 8 — ἐξ ἀντιστάσεως ἀγωνίζεσθαι = cominus
V, 4, 4 — auch ἐκ παρατάξεως ἄγ. V, 4, 5 — ἐκ ἐπιβουλῆς II, 5, 7 — II, 7, 8 — IV, 5, 6 —
VII, 5, 4 — ἐξ αὐτοσχεδίου παρασκευῆς eiligst II, 8, 6 — ἐξ ἐπηρείας unrechtmässig VI, 1, 8 —
ἐκ τοῦ κρείττονος (sc. μέρους) zum grösseren Teile VI, 6, 5, womit zu vergl. ἐκ πλείστου μέρους
VIII, 2, 4 — ἐξ ἀναγνώσεως λέγειν = ablesen VII, 8, 3 — endlich ἐκ θεμελίων neben dem adv.
ἄρδην VIII, 3, 2.

                                    4. Πρό.
    I. Rein local bedeutet πρό das Sichbefinden vor einem Orte: πρό τε τῆς πόλεως τάφρους
διορύττειν II, 11, 9 — στρατοπέδου πρὸ τῆς πόλεως ἱδρυθέντος III, 13, 4 — ἐν τῷ πρὸ τῆς πόλεως
πεδίῳ IV, 11, 2 — ἔθει πρὸ τοῦ ἅρματος V, 6, 7 — ἀνέθηκε πρὸ τοῦ βουλευτηρίου VII, 2, 8 —
πρὸ τῶν βωμῶν πεσεῖν VII, 3, 6 — πρὸ τοῦ οἰκίσκου VII, 6, 8 — ἐς τὸ πρὸ τῆς πόλεως πεδίον
VII, 8, 3 — πρὸ τῶν θυρίδων ἔμενον VII, 11, 3 — πρὸ τοῦ βωμοῦ ἔκειντο VII, 11, 4 — πρόκειται . . .
πρὸ τῆς ὑπωρείας τῶν Ἄλπεων VIII, 1, 4; so ist wohl auch zu nehmen προκειμένη καὶ πρὸ τῶν
Ἰλλυρικῶν ἐθνῶν πάντων ἱδρυμένη VIII, 2, 3, cf. III, 13, 4.
    II. Temporal: πρὸ ἡμέρας II, 2, 2 — VII, 6, 7 — VII, 6, 8 — πρὸ τῆς ἕω VII, 4, 4
— VII, 6, 6 — πρὸ ὀλίγων ἡμερῶν IV, 13, 1; — τὰ μὴ πρὸ πολλοῦ I, 3, 4 — πρὸ πολλοῦ II,
7, 4 — πρὸ πάσης τροφῆς (sc. φάρμακον λαμβάνειν) I, 17, 10 — πρὸ ἁπάντων I, 17, 5 — IV, 1, 5
[πρὸ τούτου V, 1, 1] die Parenthese rührt von Wolf her; οἱ πρὸ ἐμοῦ I, 5, 5 — οἱ πρὸ σοῦ
Ῥωμαῖοι I, 6, 6 — τῶν πρὸ αὐτοῦ βασιλέων IV, 1, 4 — τῶν πρὸ αὐτοῦ γενομένων βασιλέων I,
17, 12 — πρὸ αὐτοῦ III, 15, 3.
    Zwischen localer und temporaler Auffassung stehen die Ausdrücke: ἐν τῷ πρὸ τούτου
συγγράμματι III, 1, 1 — ἐν τῷ πρὸ τούτου βιβλίῳ IV, 1, 1 — τῷ πρὸ τούτου συγγράμματι V, 1, 1
— ἐν τοῖς πρὸ τούτου VIII, 1, 1, indem man (örtlich) an die voraufgehende Buchrolle oder
(zeitlich) — cf. VII, 1, 1 ἐν τοῖς προειρημένοις — an das früher geschriebene Buch denken kann.
    III. Übertragen steht πρό vom Vorzug oder von der Wichtigkeit und Bedeutung: πρό
γε ἁπάντων ἡ τῶν χρημάτων ἐλπίς V, 4, 2 und wohl auch πρὸ τῶν ἄλλων θεῶν ὀνομάζειν τὸν νέον
θεόν V, 5, 7 wenngleich auch die temporale Bedeutung in diesem Zusammenhange nicht zu ver-
kennen ist; ebenso steht es übrigens auch I, 17, 5 πρὸ ἁπάντων αὐτὴν μέλλουσαν τεθνήξεσθαι,
je nachdem man verbindet: „sie vor allen (= besonders) sollte den Tod erleiden", oder „sie sollte
vor allen getötet werden", nach ihr die anderen; desgl. ἐπετέλεσαν δὲ πρὸ ἁπάντων τὴν ἐς τὸν
πατέρα τιμήν IV, 1, 5.

b) Die Präpositionen mit dem Dativ.

1. Ἐν.

I. Rein local, auf die Frage wo? 1. bei Ortsnamen, a) bei Verben, die ein Sichbefinden an einem Orte bezeichnen: γενέσθαι = angekommen sein, ἐν Ἀντιοχείᾳ III, 3, 4 — ἐν τῇ Ῥώμῃ IV, 1, 2 — ἐν Ἀντιοχείᾳ V, 1, 1 — idem VI, 6, 4 — ἐν Ἀκυληίᾳ VIII, 7, 3 — διατρίβειν ἐν Ῥώμῃ II, 14, 5 — idem III, 9, 1 — III, 10, 2 — VI, 3, 1 — VII, 10, 7 — VIII, 8, 2 — ἐν Κάρραις IV, 13, 3 — ἐν Ἀντιοχείᾳ IV, 13, 8 — V, 2, 3 — V, 4, 1 — VI, 6, 6 — ἐν Σιρμίῳ VII, 2, 9 — ἐν Ῥαβέννῃ VIII, 6, 5 — ἐν τῇ Ἀκυληίᾳ VIII, 7, 7 — εἶναι ἐν Ῥώμῃ VIII, 8, 5 — ἱδρῦσαι στρατόπεδον ἐν Χαλκηδόνι IV, 3, 6 — μένειν ἐν τῇ Ῥώμῃ IV, 3, 5. — b) bei Verben andrer Art εὑρίσκειν ἐν τῇ Ῥώμῃ III, 2, 3 — καταλαμβάνεσθαι ἐν Χαλκηδόνι V, 4, 11 — ὀργιάζειν ἐν Πεσσινοῦντι I, 11, 2 — πράττειν, πράττεσθαι ἐν Ῥώμῃ II, 7, 4 — ὥσπερ ἐν Ῥώμῃ VII, 6, 1 — ἐν τῷ Καπετωλίῳ VII, 10, 5 — ἐν Ῥώμῃ VIII, 5, 5 — τελευτᾶν ἐν Ἰλίῳ IV, 8, 4. — c) unabhängig in τῷ Καπετωλίῳ IV, 8, 1 — ἐν αὐτῇ Ῥώμῃ VII, 3, 1 — ἐν τῇ Καρχηδόνι VII, 9, 1. — d) in Verbindung mit Substantiven: τῆς ἐν Ῥώμῃ διαίτης III, 13, 1 — ἡ ἐν Ῥ. διαφορά VIII, 1, 1 — τῆς ἐν Ῥ. δυνάμεως III, 13, 4 — τῆς ἐν Ῥ. ἱερᾶς ὁδοῦ II, 9, 5 — τὰς ἐν Ῥ. πράξεις IV, 12, 4 — οἱ ἐν τῇ Ῥ. στρατιῶται II, 4, 4 — II, 9, 8 — II, 13, 1 — VI, 3, 2 — τοῦ ἐν Ῥ. στρατοῦ III, 7, 8 — τῆς ἐν Ῥ. τρυφῆς I, 6, 1 — I, 7, 1 — III, 10, 3 — III, 14, 2.

2. Bei Länder- und Inselnamen, a) bei Verben διατρίβειν ἐν τῇ Μεσοποταμίᾳ IV, 11, 9 — εἶναι ἐν Σικελίᾳ IV, 6, 3. — b) unabhängig ἐν Λιβύῃ VII, 9, 4. — c) in Verbindung mit Substantiven τῆς ἐν Συρίᾳ ἀρχῆς III, 2, 3 — τὸν ἐν Μεσοποταμίᾳ αὐχμόν VI, 6, 4 — τῆς ἐν Μεσοποταμίᾳ διατριβῆς IV, 15, 9 — τὴν ἐν Βρεττανίᾳ δύναμιν II, 15, 1 — τῇ ἐν Παρθίᾳ μάχῃ VI, 6, 5 — πόλις: ἐν Φοινίκῃ V, 3, 2 — ἐν Αἰγύπτῳ VII, 6, 1 — ἐν Ἰταλίᾳ VIII, 2, 4 — VIII, 4, 8 — τὸν ἐν Μηδίᾳ στρατόν VI, 6, 2 — τὰ ἐν Ἰταλίᾳ χωρία VII, 8, 11.

3. Bei Appellativen, a) bei Verben, die ein Sichbefinden an einem Orte bezeichnen: ἀνακεχωρηκέναι ἐν οἰκίσκῳ VII, 6, 6 — ἀνατίθεσθαι ἐν τόπῳ V, 5, 7 — ἀποτίθεσθαι ἐν νεῷ IV, 1, 4 — γενέσθαι ἐν ἐκβολαῖς I, 11, 3 — ἐν τῷ στρατοπέδῳ II, 2, 5 — ἐν τῇ πολεμίᾳ VII, 2, 3 — ἐν τῷ πεδίῳ VIII, 2, 2 — διάγειν ἐν προαστείοις I, 12, 5 — διαιτᾶσθαι ἐν ἀλλοδαπῇ V, 2, 6 — διατρίβειν ἐν προαστείῳ I, 11, 5 — ἐν οἴκοις III, 12, 1 — ἐν τοῖς προαστείοις III, 13, 1 — ἐν τῇ βασιλείῳ αὐλῇ V, 3, 2 — ἐν τοῖς ἑαυτῆς V, 3, 3 — ἐν βασιλείοις V, 3, 10 — idem V, 8, 3 — εἶναι ἐν αὐλῇ II, 12, 5 — ἐν τῇ βασιλείῳ αὐλῇ III, 7, 7 — IV, 6, 1 — ἐν ταῖς ὄχθαις VII, 1, 7 — ἐν οἰκίαις VII, 11, 7 — ἐν τῇ πόλει VIII, 1, 4 — ἐπιμένειν ἐν νεῷ IV, 5, 1 — ἑστάναι ἐν τῷ ἀντικειμένῳ IV, 2, 5 — ἱδρῦσθαι <ἐν>έδραις I, 9, 3 — ἐν τῇ ἑστείᾳ II, 3, 1 — ἐν τῷ νεῷ V, 6, 9 — ἐν τῇ πόλει VIII, 7, 5 — καθέζεσθαι ἐν τῇ λαιᾷ μέρει — ἐν τῷ δεξιῷ IV, 2, 3 — καθῆσθαι ἐν τοῖς θεάτροις I, 8, 4 — κρέμασθαι ἐν ἀέρι I, 14, 1 — μένειν ἐν τῇ πόλει I, 12, 8 — ἐν τῇ οἰκίᾳ II, 4, 9 — ἐν τῷ χωρίῳ II, 9, 6 — ἐν ᾗ III, 7, 2 — προκαθίζειν ἐν τῇ ἕδρᾳ I, 9, 3 — προτιθέναι ἐν τῇ εἰσόδῳ IV, 2, 2 — στῆναι ἐν τῇ σκηνῇ I, 9, 3 — συγκαθέζεσθαι ἐν τῇ φορείῳ V, 8, 6 — συνίστασθαι ἐν θεάτροις I, 12, 5 — ὑπάντεσθαι ἐν τῷ πεδίῳ IV, 11, 2 — ὑποστῆναι ἐν τῇ εἰσόδῳ I, 8, 6. — b) bei Verben andrer Art: ἀναπαύεσθαι ἐν τῇ σκηνῇ VIII, 5, 8 — ἀποκτείνειν ἐν τοῖς βασιλείοις VIII, 8, 6 — βιοῦν ἐν τοῖς οἰκείοις VIII, 7, 5 — διανυκτερεύειν ἐν τῷ καταγωγίῳ I, 16, 5 — ἐν τῷ ἱερῷ V, 8, 7 — ἐν τῇ πόλει VIII, 1, 5 — ἐν τῷ πεδίῳ VIII, 1, 5 — διαφθείρεσθαι ἐν τοῖς ὄρεσι VI, 6, 3 — ἑορτάζειν ἐν τῇ πόλει II, 7, 9 — ἔχειν ἐν κώμαις V, 3, 12 — καθεύδειν ἐν τῇ σκηνῇ III, 1, 10 — κακοπαθεῖν ἐν ἀλλοδαπῇ VIII, 7, 5 — καλλιερεῖν ἐν τοῖς ἱεροῖς II, 14, 2 — καταβιοῦν ἐν τοῖς οἰκείοις VIII, 1 — κατακλείειν ἐν τῷ στρατοπέδῳ V, 8, 5 — καταλείπειν ἐν τῷ στρατοπέδῳ II, 13, 2 — VII, 11, 2 — κατασκευάζεσθαι ἐν τῷ τόπῳ IV, 2, 6 — ἐν τῷ προαστείῳ V, 6, 6 — κρύπτεσθαι ἐν προαστείῳ III, 4, 6 — V, 4, 11 — ἐν ταῖς ὕλαις VII, 2, 5 — κρύφιον εἶναι ἐν κοιλάσι καὶ . . . VIII, 1, 1

— λανθάνειν ἐν ταῖς ψάμμοις IV, 15, 2 — μάχην ποιεῖσθαι ἐν τῇ πόλει II, 11, 9 — ὀφθῆναι ἐν τοῖς βασιλείοις III, 11, 9 — ἀρχεῖσθαι ἐν τῷ θεάτρῳ V, 7, 6 — ποιμαίνειν ἐν τοῖς ὄρεσι VII, 1, 2 — σέβειν ἐν ἀκροπόλει VII, 10, 2 — συγκλείειν ἐν τῷ σηκῷ VII, 10, 3 — φαίνεσθαι ἐν τοῖς ἑῴοις μέρεσι VI, 5, 6 — ἐν ἀέρι VIII, 3, 8. — c) unabhängig ἐν τοῖς ἐρήμοις ἀγροῖς VIII, 4, 4 — ἐν τοῖς βασιλείοις I, 5, 5 — ἐν τῇ γῇ II, 11, 8 — «ἐν» τοῖς δικαστηρίοις II, 4, 1 — ἐν θεάμασι IV, 4, 1 — ἐν θεάτροις III, 8, 10 — ἐν ἱεροῖς IV, 8, 1 — V, 8, 5 — ἐν μεθορίοις V, 4, 6 — ἐν τοῖς δεξιοῖς μέρεσιν — ἐν τοῖς λαιοῖς VIII, 1, 5 — ἐν τῇ πόλει I, 12, 1 — III, 4, 6 — IV, 8, 1 — VIII, 2, 6 — ἐν πορείαις II, 4, 7 — ἐν τῷ στρατοπέδῳ I, 5, 2 — II, 6, 12 — ἐν τῇ συγκλήτῳ II, 4, 1 — ἐν τοῖς τόποις I, 12, 6. — d) in Verbindung mit Substantiven τὰ ἐν αὐταῖς δεσμωτήρια I, 10, 2 — τῆς ἐν τῇ πολεμίᾳ διατριβῆς I, 7, 1 — τὴν ἐν τῇ πόλει διατριβήν IV, 7, 1 — τῶν ἐν τῇ ἀνατολῇ ὁδῶν III, 1, 4 — πόλεων τῶν ἐν τῇ ἡμεδαπῇ I, 1, 4 — τῶν ἐν αὐταῖς (sc. ταῖς πόλεσι) πρωτευόντων VIII, 7, 2 — τοὺς ἐν τῇ πόλει τελευτῶντας VIII, 5, 7 — τρόπαια, τὸ μὲν ἐν ἀνατολῇ III, 7, 7. Hierhin gehört auch das häufig vorkommende ἐν μέσῳ I, 7, 2 — III, 6, 4 — IV, 8, 5 — IV, 9, 6 — IV, 15, 5 — V, 5, 10 — VI, 5, 8 — VIII, 1, 2.

4. Auch persönliche Begriffe dienen als Ortsbezeichnungen: a) Völkernamen διατρί-βοντα ἐν Παίοσι I, 3, 1 — τά τε ἐν Μυσοῖς καὶ Παίοσι στρατόπεδα III, 10, 1. — b) Volks-bezeichnungen πόλεων τῶν . . . ἐν πολλοῖς βαρβάροις I, 1, 4 — τοὺς ἐν τοῖς ἔθνεσι δοκιμωτάτους I, 2, 1 — ἐν τοῖς λοιποῖς ἔθνεσιν II, 4, 6 — ἐν πᾶσιν ἐκείνοις τοῖς ἔθνεσιν III, 2, 7 — ἐν (αὐτῇ τε Ῥώμῃ καὶ) τοῖς ὑπηκόοις ἔθνεσιν VII, 3, 1 — ἐν τῷ ὑπὸ Ῥωμαίους ἔθνει III, 14, 9 — ἐν δήμῳ τοσούτῳ IV, 6, 5 — ἐν (τε συγκλήτῳ καὶ) τῶν Ῥωμαίων δήμῳ VII, 5, 5. — c) Beamten- und Standesbezeichnungen ἐν συγκλήτῳ = unter den Senatoren II, 3, 1 — IV, 6, 3 — VII, 5, 5, wogegen es II, 4, 1 in dem Sinne: im Rathaus, in der curia zu nehmen ist — ἐν τοῖς δεύτερον ὑπατεύσασιν ἐτέτακτο III, 11, 2 — τοὺς ἐκείνου ἐν τοῖς ὑπηρέταις IV, 5, 4. — d) Volks- und Heeresmassen ἐν τῷ πλήθει τῶν κειμένων V, 4, 9 — ἐν τῷ στρατῷ VI, 3, 1 — VII, 1, 3 — VIII, 3, 1 — VIII, 5, 7. — e) Anderweitige persönliche Begriffe, α) Participia ἐν εἰδόσι μὲν ὑμῖν τοῦ τε βίου μου τὴν ἐξ ἀρχῆς προαίρεσιν . . . περιττὸν νομίζω μακρηγορεῖν V, 1, 2. — β) Pronomina πολλῶν ἐν αὐτοῖς τεχνιτῶν III, 4, 9 — τίνα ἔσεσθαι συμφωνίαν ἐν αὐτοῖς IV, 10, 5 — ἐν μέσοις αὐτοῖς ἔχοντες τὸν ἴδιον βασιλέα II, 6, 13 — (οἱ νεανίαι) ἐν οἷς ἦν τὸ πολὺ πλῆθος Παιόνων VI, 8, 3.

5. Wir finden ferner eine Reihe umschreibender Ausdrücke mit dem Neutrum des Artikels im lokalen Sinne zur Bezeichnung von Zuständen, Angelegenheiten, Geschäften an einem Orte τὰ ἐν Κυζίκῳ III, 2, 9 — τὰ ἐν τῇ Ῥώμῃ VIII, 7, 6 — τὰ ἐν τῇ πόλει III, 9, 11 — VIII, 3, 1 — τὰ ἐν ταῖς πόλεσιν III, 3, 4 — IV, 8, 3 — τὰ ἐν τοῖς στρατοπέδοις IV, 7, 1 — τὰ ἐν ἀγορᾷ IV, 12, 1. Statt einer Ortsbezeichnung stehen persönliche Begriffe τὰ ἐν Πάρθοις VI, 5, 7 — τὰ ἐν Πέρσαις VI, 7, 1 — τὰ ἐν ἀνθρώποις I, 5, 6 — τὰ ἐν τοῖς ἔθνεσιν III, 10, 1.

6. Zum lokalen im weiteren Sinne gehören auch (τῶν ἐπιστολῶν) ἐν αἷς ἦν καὶ τὰ . . γράμματα IV, 12, 6 — ἐν χρυσοῖς σκεύεσιν V, 5, 9 — γράμματα ἐν πτυκτοῖς πίναξι VII, 6, 5 — ferner die Angabe der Bekleidung ἐν μόναις ταῖς πομπικαῖς ἐσθῆσι II, 13, 3 — ἐν χλαμύσιν IV, 7, 3 — ἐν λιταῖς ἐσθῆσι καὶ ἐφεστρίσιν VII, 11, 2.

7. Ebendahin sind auch die Fälle zu rechnen, in denen ἐν das Enthaltensein in Schriften etc. bezeichnet: ἐν ταῖς ἀφηγήσεσιν I, 1, 1 — ἐν τοῖς ἑξῆς I, 14, 6 — II, 15, 7 — IV, 14, 2 — V, 3, 9 — VII, 12, 9 — ἐν γραφαῖς auf Bildwerken I, 15, 4 — IV, 8, 2 — ἐν τῷ πρώτῳ συντάγματι τῆς ἱστορίας II, 1, 1 — συγγράψας ἐν τῷ καθ' αὑτὸν βίῳ II, 9, 4 — ἐν τῷ πρὸ τούτου συγγράμματι III, 1, 1 — ἐν τοῖς ἐκείνου ἀποθέτοις γράμμασι III, 8, 6 — ἐν τῷ πρὸ τούτου βιβλίῳ IV, 1, 1 — ἐν τῇ γραφῇ V, 5, 6 — ἐν τοῖς προειρημένοις VI, 1, 1 — VII, 1, 1 — ἐν τοῖς πρὸ τούτων VIII. 1, 1.

14

II. Bildlich-lokal dient *ἐν* zur Bezeichnung des Innewohnens von Eigenschaften oder Empfindungen τὸ ἐν ἡμῖν νέον I, 5, 8 — ὑπερβαλλούσης ἐν αὐτῷ φιλοχρηματίας III, 8, 7 - οὕτως ἐν αὐτῷ ἐπλήθυνε τὸ φιλοχρήματον III, 8, 8 — πολὺ ἔχων ἐν τοῖς στέρνοις τὸ Πλουτιανὸν φίλτρον III, 12, 3 -- ἡ . . ἐκείνου μνήμη ἔν τε τοῖς ἡμετέροις στέρνοις ἐγκείσεται IV, 14, 5 — auch ἔστι ἐν ἐμοί II, 13, 5, sowie zur Bezeichnung von Personen, die Gegenstand einer Gefühlsäusserung sind: πλέον ἦν ἐν αὐτῷ τὸ ἐλεούμενον ἐφ' οἷς ἐισφάλλετο ἢ τὸ μισούμενον II, 10, 3 -- πάντα ἐν αὐτῷ ἐθαυμάζετο II, 14, 2. Weiter gehören zum bildlich-lokalen Gebrauch die Fälle, in denen der präpositionale Ausdruck die Sphäre bezeichnet, innerhalb welcher eine Handlung sich vollzieht oder eine Eigenschaft in die Erscheinung tritt: a) bei Substantiven und substantivischen Begriffen ἀρετῆς τῆς ἐν ἔργοις II, 2, 7 — τοῖς οὕτως ὠμῶς τετολμημένοις ἐν φόνῳ [τῷ] βασιλικῷ II, 6, 14 — τὸ ὕποπτον ἐν ἅπασιν ἐδέσμασί τε καὶ πόμασι IV, 1, 1 — τῆς ἐν βασιλείᾳ τιμῆς VII, 5, 6 — ἀντίδικοι ἐν πράγμασιν ἀγοραίοις VII, 7, 3 — τὸ ὁμότροπον ἐν ἀκολάστῳ βίῳ VII, 8, 7 — οἰόμενοι ἐν πλήθει ὄχλου . . . τὸ εὔελπι τῆς νίκης; εἶναι VII, 9, 4 — τὸ ἀκοινώνητον ἐν ταῖς ἐξουσίαις VIII, 8, 4. — b) bei Adjektiven τὸ ἰσότιμον δυσέρικτον ἐν ταῖς ἀμοιβαῖς II, 3, 6 -- ἐλεεινὸν ἐν ταῖς τῶν ὁμοφύλων συμφοραῖς I, 4, 2 — ἐν τῇ τῇ Ῥωμαίων φωνῇ εὐπρόσφορος ἐν λόγοις VIII, 3, 7. — c) bei Verben und verbalen Verbindungen ἀνδρείαν πᾶσαν ἐν ταῖς μάχαις ἐπεδέδεικτο II, 9, 9 — ἐν τῇ συστάδην μάχῃ πολὺ ἡμῶν ἀπολείποντες II, 10, 8 — τὸν τῶν πεσόντων ἀριθμὸν στρατιωτῶν ἐν ταῖς μάχαις; mit auffälligem Hyperbaton II, 15, 6 — ἐν οἷς κατωρθώσατε . . . ἐκαρποῦτο III, 6, 4 — ἐν ἐμφυλίοις καὶ Ῥωμαϊκαῖς μάχαις . . . πέπρακται III, 7, 8 — βίας ἐν πᾶσιν οἷς ἐκρατεῖτε ἀπείχετο III, 10, 7 — στασιάζοντας . . . ἐν ἅπασιν οἷς ἐκρατεῖτο IV, 3, 4 -- ἐν ταῖς παραιτάξεσι τὸ . . . πλῆθος; . . . γένοιτ' ἂν ἐναντίων IV, 14, 7 — προκινδυνεύσαντα ἐν οἷς . . . ὑμῖν προσφέρεται V, 1, 2 — ἐν οἷς ἀπηρέσκετο . . . ὅμως ἐπείθετο VI, 1, 10 — μετριάζουσιν ἐν τῷ προθύμῳ τῆς μάχης VIII, 3, 5; einmal wird die Sphäre durch einen persönlichen Begriff bezeichnet ἐν ἑνὶ δείξαι I, 13, 6.

III. Temporal erscheint ἐν zunächst bei reinen Zeitbegriffen ἐν ὀλίγῳ χρόνῳ I, 1, 3 — I, 10, 1 — II, 4, 5 — ἐν ἔτεσι περί που διακοσίοις I, 1, 4 — ἐν ἔτεσιν ἑξήκοντα I, 1, 5 — ἐν ἐξ ἔτεσιν IV, 13, 8 — ἐν ἔτεσι τοσούτοις VI, 1, 7 — παμπληείτινος ἐν ἔτεσιν VI, 2, 6 — (ἡμερῶν) ἐν ὅσαις I, 5, 1 — ἐν ᾧ I, 8, 6 — VIII, 8, 6 — (ὁ χρόνος) ἐν ᾧ IV, 13, 8; ferner gehören hierhin (ἑορτῆς) ἐν ᾗ I, 16, 2 -- ὡς ἐν ἱερομηνίᾳ II, 2, 9; weiter dient ἐν zur Angabe des Lebensalters: ἐν νεότητι I, 3, 2 — ἐν παιδί V, 8, 2 — VI, 8, 1 — θυγατέρας ἐν ὥρᾳ γενομένας; I, 2, 1 — ἐν ἐσχάτῳ γήρᾳ VII, 5, 7 — VII, 8, 5. Andre temporale Begriffe sind: ἐν ἀρχῇ νέας; ἡγεμονίας I, 5, 8 — εὐθέως ἐν ἀρχῇ III, 2, 3 — ἐν ἀρχῇ V, 4, 12 — εὐθὺς ἐν ἀρχῇ VIII, 1, 5 — ἐν ἀρχῇ = von Anfang an VIII, 8, 7 — ἐν ἀρχομένῃ μάχῃ VIII, 1, 3 — ἐν σπονδαῖς; καὶ εἰρήνῃ IV, 14, 1 — ἐν εἰρήνῃ βαθείᾳ IV, 14, 6 — ἐν εἰρήνῃ VIII, 3, 2 — ὥσπερ ἐν χειμῶνι καὶ ζάλῃ I, 4, 3 — ὥσπερ ἐν πομπαῖς; VII, 8, 5 — ἐν ταῖς προόδοις „wenn er sich öffentlich zeigte" II, 4, 1 — ἐν (add. Steph.) ταῖς τοῦ δήμου συνόδοις = wenn das Volk zusammen kam II, 7, 5 — ἐν ταῖς συνόδοις II, 7, 6 -- οὔτε ἐν ταῖς προςαγορεύσεσιν οὔτε ἐν ταῖς; προόδοις „weder bei öffentlichen Anreden, noch wenn er sich sehen liess" V, 8, 4.

IV. Causal findet sich unsere Präposition an folgenden Stellen: ἐν ἡλικίαις τε καὶ ἐξουσίαις διαφόρους I, 1, 6 — εἴμαρας; ἐν ἀρχὴν διαφόρων ἐξ ἀρχομένης οὕτως; εὐνοούντι II, 3, 5 -- διελάνθανον (ἐν) τῇ τῶν χωρίων γνώσει (wenn man das voraufgehende ἐν auch zu diesen Dativ ziehen will) III, 14, 10 — εὑράσκειν ἀδύνατον ἐν δήμῳ τοσούτῳ IV, 6, 5 — ἐν πλατείᾳ καὶ πολλῇ οἰκήσει da die Behausung geräumig und gross war IV, 1, 2 (denn wegen des Zusatzes ἑκάτερος ὡς βούλοιτο möchte ich den präpos. Ausdruck nicht lokal zu διάγοι ziehen) — ἐν πλήθει μεγίστῳ καὶ ποικίλῳ συγκλύδων τε ἀνθρώπων VII, 7, 1 — κτήματα ἔν τε προςόδοις πλουσίαις; καὶ ἐν ποικίλῃ πολυτελείᾳ τίμια VII, 12, 6.

V. Concessiv möchte ich ἐν fassen in dem einen Fall ἣν Θαίματος; ἄξιον ἐν μικρῷ πάνυ τὸ μέγεθος σώματι γενναίον πόνων ἄσκησις τοιαύτη IV, 7, 7.

VI. Ziemlich häufig treffen wir ein instrumentales ἐν an: ἐν πολλαῖς στρατιωτικαῖς τε καὶ πολιτικαῖς εὐδοκιμήσας; πράξεσι II, 1, 4 — dasselbe Verbum noch II, 7, 5 — VI, 1, 4, cf. VII, 5, 5 — νικᾶν ἐν ταῖς μάχαις III, 9, 8 — κεκμηκότων ἐν αὐτῷ τῷ ἁρπάζειν καὶ φονεύειν IV, 11, 8 — ὥσπερ ἐν δικτύοις σεσαγηνευμένους IV, 9, 6 — ἐν ταῖς ἁρπαγαῖς διεφθείροντο V, 6. 10 — (συμβολαὶ) ἐν αἷς ... ἐπηνεῖτο VII, 2, 8 — ἐν πράξεσι μεγίσταις ἐξετασθείς VII, 5, 2 — ἐν βρόχῳ τοῦ βίου ἀνεπαύσατο, wo das Komma vor τοῦ βίου zu tilgen; cf. § 4, wo nur βρόχῳ VII, 9, 9 — ἐν τε διαίτῃ καὶ σκευῇ διαφέρουσιν IV, 10, 5 -- εἰ μή τι ἐν ταῖς πρώταις ὁρμαῖς κατορθώσουσι IV, 15. 6 — (τὸν πόλεμον) κατελύσαμεν καὶ ἐν οἷς ... οὐδέν τι ἡττήμεθα καὶ ἐν οἷς ... ἐποιήσαμεν V, 1, 4; ausser bei diesen Verben auch in Verbindung mit Substantiven τῶν ἐν ὅπλοις ἔργων I, 5, 4 — δόξης τε τῆς ὑμετέρας ἐν τοῖς ὅπλοις ἀρετῆς τε VII, 8, 4 — οὐ γὰρ ἐν τῇ καθέδρᾳ ἡ πρωεδρία ἀλλ' ἐν τοῖς ἔργοις II, 3, 7.

VII. Der präpositionale Ausdruck dient ferner dazu, ein Amt oder eine Stellung zu bezeichnen, die Jemand einnimmt: ἐν βασιλικαῖς ἢ δημοσίαις ὑπηρεσίαις; γενόμενος I, 2, 5 — ἐν πολλαῖς στρατοπέδων ἀρχαῖς γενόμενος VII, 10, 4 — τὸν ἐν Κιλίκαρος τιμῇ καὶ ἐξουσίᾳ γεγονότα III, 7, 8 — τῶν ἐν τιμῇ γενομένων ἢ θεραπείᾳ τοῦ γέροντος III, 15, 4 — ἐν τῷ τῆς βασιλείας γενόμενος ὀνόματι VII, 9, 2 -- ἐν ἀρχῇ τὸν νεανίαν γενόμενον VI, 1, 5 — τοῖς ἐν κοινῇ ὑπηρεσίᾳ τυγχάνουσιν V, 8, 2 — τῶν ἐν ἀξιώσει τινὶ ἢ πράξει καθεστώτων V, 2, 1 — ὅσοι ἐν ἀξιώσει ἢ τιμῇ τινι ἦσαν IV, 3, 2 -- γυναικῶν τῶν ἐν ἀξιώσει εἶναι δοκουσῶν IV, 2, 5 — διοικοῦντες ἐν ὁμοτίμῳ ἀρχῇ III, 15, 7 — οἱ ἐν τῇ βασιλείᾳ ὑπηρεσίᾳ II, 5, 3 — τῶν ἐν ἀξιώσεσιν I, 9, 3 — οἱ ἐν ἀξιώσεσιν ὄντες II, 6, 3 — [τῶν ἐν ἀρχαῖς ὄντων II, 12, 6] von Mendelssohn getilgt — οἱ ἐν ἀξιώσει ὄντες III, 15, 6 — τῶν ἐν ἀξιώσει ἢ τιμῇ IV, 2, 9 — οἱ ἐν ταῖς μεγίσταις πράξεσιν I, 9, 10 — τοὺς ὄντας ἐν τῇ συνωμοσίᾳ I, 8, 8 — τοὺς δὲ ἐν ταῖς ὑπηρεσίαις; vermute ich IV, 5, 4, cf. Mendelssohn zu d. Stelle p. 112 -- ἐν βασιλικαῖς; τιμαῖς τελευτῆσαι VII, 5, 7 — προῦχοντα ἐν τῇ συγκλήτῳ βουλῇ II, 1, 9 — τὴν ἐν τῇ συγκλήτῳ βουλῇ τινων εὐγένειαν II, 3, 1 — τοὺς ἐν τοῖς στρατοπέδοις ἐξέχοντας II, 9, 7 — συστρατιώτῃ ἐν ὅπλοις ἀεὶ καὶ πολεμικοῖς ἔργοις διηγημένῳ VI, 9, 5.

VIII. Daran reiht sich der Gebrauch von ἐν zur Bezeichnung der äusseren Lage und des Gemütszustandes von Personen, ersteres auch in einigen Fällen von Sachen; a) äussere Lage: ἐν ὀρφανίᾳ I, 3, 1 — ἐν ἀποστίαις καὶ κραιπάλαις II, 5, 1 — <ἐν> τοῖς τοιούτοις IV, 5, 2 -- ἐν σπάνει πάντων τῶν ἐπιτηδείων VIII, 6, 4 — ἐν ὅπλοις; εἶναι I, 13, 3 — II, 11, 4 — IV, 14, 8 — VII, 1, 6 -- VII, 12, 8 — VIII, 5. 6 auch V, 6. 4 und VI, 6, 6 — εἶναι ἐν τούτοις VI, 7, 9 - VII, 7, 4 -- εἶναι ἐν εὐπορίᾳ χρημάτων II, 6, 6 -- μὴ εἶναι ἐν ἑτέρου ἐξουσίᾳ III, 2, 4 -- πάντων <ἦν> ἐν σπάνει VIII, 5. 3 — οἱ ἐν ἀκμῇ ὄντες VI, 3, 6 — ἐν ἀκμῇ τῆς ἡλικίας γενόμενος VI, 8, 1 — ἐν χλιδῇ καὶ τρυφῇ διαιτώμενον V, 2, 6 — καθίσταται ἐν σπάνει τῶν ἐπιτηδείων I, 12, 4 -- μένειν ἐν τοῖς τῶν ἰδίων ὅροις VI, 2, 4 — νεάζειν ἐν στρατιωτικῷ βίῳ καὶ σώφρονι III, 14, 2 — ἐν πλούτῳ καὶ τρυφῇ ἀναστρεφεὶ II, 15, 1 — ἅτε ἐν εἰρήνῃ βαθείᾳ τεθραμμένοι VII, 9, 5. — b) Gemütszustände: βιοῦν: ἐν ἀδείᾳ τε καὶ μακαρίᾳ βίῳ II, 4, 8 -- ἐν ἀδείᾳ V, 1, 4 — ἐν ἀδείᾳ καὶ ἐλευθερίᾳ V, 2, 6 — ἐν ἀδείᾳ πολλῇ καὶ εἰκόνι ἐλευθερίᾳ V, 2, 2 — γίγνεσθαι: ἐν ἀπογνώσει II, 13, 12 — III, 4, 6 — VII, 5, 1 — VII, 9, 4 — VII, 9, 9 — VII, 12, 4 — ἐν δέει πολλῷ V, 8, 6 — ἐν μεγίστῃ ταραχῇ VI, 9, 1 -- διαγηγορεῖν: ἐν φροντίσι καὶ δέει III, 4, 4 — διατρίβειν: ἐν ἡσυχίᾳ II, 5, 2 — εἶναι: ἐν ἐσχάτῃ ἀπογνώσει II, 11, 7 — II, 12, 3 — VIII, 5, 6 — ἐν ταραχῇ πολλῇ II, 12, 2 — III, 1, 1 — ἐν πολλῇ ἀθυμίᾳ καὶ ἀπογνώσει III, 3, 6 — ἐν ἀφασίᾳ IV, 14, 1 — VIII, 6, 1 — ἐν ὀλίγῳ κινδύνῳ VI, 7, 2 — ἐν φροντίσι VII, 8, 1 — ἐν ἐσχάτῃ δέει VII, 9, 4 — ἐν πολλῇ ταραχῇ καὶ ἀφασίᾳ VII, 10, 1 — καθίστασθαι: ἐν κινδύνῳ I, 10, 4 -- ἐν ἐσχάτῳ κινδύνῳ I, 13, 3 — ἐν μεγίστῳ δέει III, 8, 3 — ἐν ἀπορίᾳ VII, 8, 1 — ἐν ἐσχάτῃ δέει VII, 9, 4 —

VIII, 4, 2 — μένειν: ἐν τοσαύτῃ ψυχῆς ἀταραξίᾳ II, 1, 6 — ἐν σώφρονι καὶ σεμνῷ σχήματι II, 5, 5 — ἐν τοῖς προκειμένοις VIII, 3, 7. — c) bei Sachen: τὰ κατὰ τὴν Λιβύην ἐν τούτοις ἦν VII, 9, 11 — τὰ κατὰ τὴν Ἀκυλ̔ίαν ἐν τούτοις ἦν VIII, 6, 5 — τὰ ἐν Πέρσαις ἐν εἰρήνῃ συγκείμενα VI, 7, 1 — δύο κινδύνων ... τοῦ δὲ ἐν ἀμφιβόλῳ τύχῃ VII, 5, 5.

IX. Den Beschluss bildet eine Reihe periphrastischer und adverbialer Ausdrücke: a) ἐν συνηθείᾳ εἶναι II, 1, 10 — ἐν ὄψεσιν εἶναι VI, 9, 5 — ὧν ἐν ὄψει = quorum in conspectu VII, 9, 9, von Kettler a. a. O. p. 37 als Latinismus angeführt — ἐν ὑπολήψει VII, 10, 4 — τοὺς ἐν ὑπολήψει ἀνδρείας μείζονος VIII, 3, 5 — ἐν ἀνέσει τοῦ πολέμου εἶναι VIII, 5, 8 — ἐν ἔθει γενέσθαι τῆς .. ὄψεως V, 5, 6 — ἔχειν: ἐν καταφρονήσει II, 7, 2 — ἐν φρουρᾷ III, 2, 3 — ἐν αἰτίᾳ VI, 7, 3 — τιθέναι ἐν χάριτος μοίρᾳ II, 3, 8 — τὰ ἐν ταῖς στρατιωτικαῖς πράξεσι res gestae eius II, 3, 2. — b) ἐν εἰκόνι VII, 6, 2 — VII, 9, 10 — ἐν κύκλῳ II, 13, 4 — ἐν προσχήματι VII, 7, 4 — ἐν σχήματι II, 11, 8 — II, 12, 1 — IV, 2, 2 — IV, 2, 5 — IV, 8, 2 — V, 5, 9 — VI, 5, 10 — VI, 7, 6 — VII, 6, 2 — VIII, 3, 1 — VIII, 4, 5 — VIII, 6, 2 — VIII, 7, 2.

2. Σύν.

Σύν bedeutet „mitsamt" I. im Sinne der Teilnahme oder Begleitung ὅσα ἂν σὺν ἐμοὶ βασιλεῖ νέῳ ἐπιδείξησθε I, 5, 7 — οἱ ἄριστοι τῆς βουλῆς σὺν σοί I, 6, 6 — σὺν τοῖς λοιποῖς ἱερεῦσιν I, 9, 2 — σὺν τοῖς παισὶ διολέσθαι I, 9, 6 — σὺν αὐτοῖς II, 9, 9 — σὺν αὐτῷ III, 2, 5 — ἀπελθεῖν σὺν τῷ Γέτῃ IV, 3, 6 — ἀνεχώρει σὺν ἑνὶ ὑπηρέτῃ IV, 13, 4 — ἐφεστῶτα σὺν παντὶ τῷ .. πλήθει IV, 14, 6 — σὺν παντὶ τῷ πλήθει ... ἐπίασιν VII, 5, 2 — idem VII, 5, 3 — διοικεῖν καὶ διέπειν ... σὺν ὑμῖν VIII, 7, 5 — διατρίβειν σὺν τῇ ἀδελφῇ V, 3, 10 — σὺν αὐτῇ V, 8, 3 — χορεύειν σὺν αὐτῷ V, 5, 9 — ὕπατος σὺν αὐτῷ Ἀντωνίνῳ V, 7, 4 — σκεψάμενος σὺν τοῖς φίλοις VI, 5, 1.

II. Im Sinne der Zugehörigkeit οἱ σύν τινι I, 10, 6 — I, 10, 7 — V, 4, 6 — VI, 8, 8 — VI, 9, 2 — VI, 9, 6 — VII, 10, 8 — αὐτὸν σὺν τῷ παιδί VIII, 5, 9 — ἐκ παίδων σὺν αὐτοῖς (sc. τοῖς τόξοις) ἀνατρέφονται VI, 5, 4, wo Mendelssohn mit V. ἀναστρέφονται liest.

III. Rein additiv = und ὑπεξῆλθε σὺν ταῖς θυγατράσιν V, 3, 11 — κατῆλθεν ... σὺν τῷ Ἀλεξάνδρῳ V, 8, 6 — ἐπανῆλθεν ... σὺν τοῖς δορυφόροις ..... σύν τε τοῖς ... στρατευομένοις VIII, 7, 7.

IV. Besonders zahlreich findet sich σύν in militärischen Ausdrücken: σὺν παντὶ τῷ λοιπῷ στρατῷ ὡπλισμένῳ II, 14, 1 — στράτευμα σὺν αὐτῷ πᾶν εἶχε II, 15, 5 — auch ἄγων III, 8, 2 — σὺν τῇ στρατιᾷ ἠπείγετο III, 2, 1 — ferner bei στρατός III, 7, 3 bis — III, 7, 5 — IV, 8, 9 — IV, 15, 1 — VI, 5, 7 — VIII, 2, 2 — σὺν ὀλίγοις ἱππεῦσιν III, 9, 11 — IV, 13, 3 — τῶν σὺν αὐτῷ στρατιωτῶν V, 4, 5 — σὺν ὀλίγοις ἑκατοντάρχαις V, 4, 7 — VIII, 3, 2 — σὺν τῇ τρίτῃ μοίρᾳ VI, 5, 7 — σὺν πάσῃ τῇ δυνάμει VI, 5, 9 — τὸ σὺν αὐτῷ πλῆθος VI, 6, 3 — τοῦ στρατοῦ παντὸς ὃς ἦν σὺν αὐτῷ VI, 7, 3 — τὴν .. δύναμιν σὺν ἑαυτῷ VII, 2, 1 — τὸ στρατόπεδον πᾶν τὸ σὺν αὐτῷ VII, 8, 2 — τὸ πλεῖστον μέρος σὺν αὐτῷ VII, 12, 1 — σὺν ἐπιλέκτοις καὶ λογάσι VIII, 5, 5.

V. In allen diesen Fällen war σύν mit persönlichen Begriffen verbunden, Sachbegriffe finden sich nur an drei Stellen: τὴν κόνιν σὺν ἀρώμασιν ἐς κάλπιν ἀλαβάστρου ἐμβαλόντες III, 15, 7 — ἀετὸς ἀφίεται σὺν τῷ πυρὶ ἀνελευσόμενος· ἐς τὸν αἰθέρα IV, 2, 11 — φερομένη ἡ πίττα σὺν οἷς προείρηται ..... ἐς πᾶν ἐχεῖτο VIII, 4, 10.

c) Die Präpositionen mit dem Accusativ.

1. Ἀνά.

Die Präposition erscheint nur zweimal, und zwar rein lokal: ἡσυχίαν εἶναι πολλὴν ἀνὰ τὰ βασίλεια κελεύσατε III, 12, 5 und ἡ φήμη διέδραμεν ἀνὰ τὰ λοιπὰ στρατόπεδα V, 4, 1.

17

2. Εἰς.

Wegen der Schreibung εἰς oder ἐς ist folgendes zu bemerken. Die Präposition erscheint im ganzen 535 mal, darunter haben 403 mal die Handschriften übereinstimmend, von Mendelssohn mit libri oder Oi bezeichnet, die Lesart εἰς, hingegen nur 68 mal übereinstimmend ἐς; an diesen 68 Stellen hat nämlich M., der constant, dem Vorgange Bekkers folgend, ἐς hat drucken lassen, keine Abweichung der Codices von seinem Texte angegeben; an den restierenden 64 Stellen variieren die Lesarten, doch so, dass die Codd. ABV an einigen 20 Orten übereinstimmend εἰς darbieten. I. Sehr zahlreich sind zunächst die Fälle des rein-lokalen Gebrauches bei Verben, die eine Bewegung ausdrücken und bei denen die Präposition das Ziel derselben bezeichnet; es sind folgende Stellen, die ich, da sie nichts Besonderes bieten, nur nach den vorkommenden Verben anführe; bemerkt sei nur noch, dass mit der Präposition stets ein Lokalbegriff verbunden ist; a) verba intransitiva: ἀναβαίνειν I, 12, 8 — ἀναπέτεσθαι I, 5, 6 — ἀναπηδᾶν VII, 12, 5 — ἀναποδίζειν V, 6, 7 — ἀνατρέχειν II, 13, 12 — IV, 5, 7 — ἀναχωρεῖν I, 7, 6 — I, 12, 2 — II, 5, 9 — III, 4, 8 — IV, 3, 9 — VII, 2, 6 — VIII. 5, 8 — VIII, 6, 3 — ἀνέρχεσθαι I, 7, 6 — II, 14, 2 bis — III, 8, 4 — III, 11, 7 — IV, 1, 4 — IV, 2, 11 — IV, 8, 9 — V, 4, 12 — VIII, 8, 3 — ἀπέρχεσθαι IV, 13, 3 — VIII, 8, 7 — ἀπιέναι I, 17, 9 — ἀποδιδράσκειν II, 6, 3 — ἀφικνεῖσθαι II, 13, 3 — II, 14, 1 — III, 4, 6 — III, 7, 2 — III, 15, 8 — IV, 1, 3 — IV, 8, 6 — IV, 9, 8 — V, 5, 5 — V, 5, 7 — VI, 4, 3 — διαβαίνειν III, 5, 1 — εἰσελαύνειν I, 7, 6 — III, 8, 3 — IV, 8, 9 — IV, 11, 2 — VII, 9, 9 — εἰσέρχεσθαι I, 15, 7 — V, 5, 5 — VII, 9, 9 — VII, 9, 10 — VII, 11, 3 — εἰσιέναι II, 12, 1 — VIII, 7, 8 — εἰσπίπτειν IV, 4, 5 — VIII, 6, 7 — εἰσρεῖν VII, 9, 8 — VII, 12, 3 — εἰστρέχειν I, 17, 4 — ἐμβάλλειν III, 3, 1 — VI, 5, 5 — VII, 2, 6 — ἐξέρχεσθαι VI, 3, 2 — ἐπανέρχεσθαι I, 5, 8 — I, 13, 7 — I, 17, 1 — II, 9, 5 — III. 8, 4 — IV, 3, 1 — IV, 11, 8 — IV, 15, 4 — IV, 15, 5 — IV, 15, 9 — V, 3, 2 — VI, 5, 3 — VI, 6, 2 — VI, 9, 6 — VIII, 7, 7 — VIII, 8, 7 — ἐπανιέναι IV, 13, 8 — V, 2, 6 — ἐπειςέρχεσθαι VII, 2, 6 — ἔρχεσθαι I, 5, 2 — III, 5, 2 — III, 9, 3 — IV, 8, 9 — V, 5, 3 — ἥκειν IV, 8, 3 — ἰέναι V, 3, 9 — καταβαίνειν VIII, 2, 1 — καταφεύγειν VII, 11, 6 — κατέρχεσθαι I, 13, 7 — I, 16, 1 — II, 14, 3 — III, 8, 6 — IV, 5, 1 — IV, 8, 1 — V, 7, 4 — V, 8, 6 — VI, 4, 1 — VII, 6, 6 — παρέρχεσθαι III, 10, 5 — περιιοῦσθαι III, 7, 1 — V, 4, 11 — προέρχεσθαι VII, 9, 3 — VII, 10, 9 — προϊέναι II, 4, 9 — προκατέρχεσθαι I, 10, 7 — ῥεῖν V, 8, 9 — συνέρχεσθαι III, 4, 2 — IV, 9, 4 — IV, 15, 4 — VI, 5, 8 — VII, 4, 4 — VII, 10, 2 — VII, 11, 1 — συνθεῖν VIII, 6, 8 — συνιέναι II, 12, 4 — V, 5, 7 — σπεύδειν V, 4, 11 — V, 5, 1 — φεύγειν I, 12, 7 — III, 4, 8 — VI, 1, 9 — φοιτᾶν V, 3, 9. — b) verba transitiva: ἄγειν II, 8, 6 — V, 8, 6 — αἴρειν I, 5, 2 — II, 3, 2 — II, 9, 6 — IV, 2, 2 — IV, 15, 5 — ἀνάγειν II, 2, 10 — II, 4, 9 — II, 6, 4 — II, 6, 13 — V, 6, 3 — V, 8, 10 — VII, 10, 8 — ἀνακομίζειν IV, 2, 8 — ἀναπέμπειν VIII, 2, 3 — ἀπάγειν IV, 4, 4 — ἀποκομίζειν III, 15, 7 — ἀποπέμπειν V, 2, 3 — VI, 6, 5 — VII, 1, 3 — VII, 7 — ἀπορρίπτειν V, 8, 9 — VIII, 5, 1 — διάγειν V, 4, 7 — εἰςάγειν III, 12, 8 — ἐκπέμπειν III, 13, 3 — VI, 4, 6 — VIII, 6, 7 — ἐμβάλλειν I, 17, 8 — III, 15, 7 — ἐξωθεῖν III, 4, 5 — ἐπανάγειν VI, 6, 3 — VII, 6, 4 — καθιστάναι II, 8, 6 — κατάγειν III, 4, 5 — V, 6, 6 — VIII, 1, 2 — μεθιστάναι VI, 4, 7 — μετάγειν V, 6, 3 — μετακομίζειν I, 14, 5 — μετοχετεύειν VII, 12, 4 — πέμπειν II, 1, 2 — V, 5, 7 — VI, 1, 3 — VIII, 5, 9 — προάγειν I, 5, 1 — προπέμπειν II, 3, 11 — προτιθέναι IV, 2, 4 — ῥίπτειν I, 13, 1 — I, 13, 6 — III, 12, 12 — IV, 4, 5 — VII, 5, 4 — VII, 7, 3 — στέλλειν II, 8, 7 — συναλίζειν VII, 5, 10 — φέρειν IV, 2, 6 — IV, 2, 11 — χειραγωγεῖν IV, 2, 8. — c) verba reflexiva: ἀθροίζεσθαι I, 9, 2 — VI, 8, 5 — ἀπορρήγνυσθαι VIII, 1, 6 — ἐκχεῖσθαι VIII, 7, 1 — ἐπείγεσθαι II, 11, 6 — III, 2, 10 — III,

2

8, 2 — III, 10, 1 — III, 12, 7 — III, 14. 5 — III, 15, 7 — IV, 1, 1 — IV, 8, 3 — IV, 15, 9 — V, 2, 3 — VI, 5, 7 — VII, 6, 1 — καταφέρεσθαι I, 11, 1 — III, 9, 9 — μετοικίζεσθαι I, 15, 8 — παραδύεσθαι I, 10, 3 — παρεισδύεσθαι II, 12, 1 — σκεδάννυσθαι VII, 9, 8 — συναλίζεσθαι VI, 5, 10 — χεῖσθαι VIII, 4, 10.

An den folgenden Stellen ist bei einigen dieser Verben mit εἰς ein Personalbegriff verbunden: a) intransitiva: ἀναχωρεῖν ἐς οὐρανὸν καὶ θεούς nach der Conjectur des Stephanus VIII, 6, 3 — ἐκτρέχειν VII, 11, 5 — ἐμβάλλειν VI, 5, 7 bis — ἐπανέρχεσθαι VII, 2, 9 — ἔρχεσθαι VI, 8, 3 — παρέρχεσθαι II, 8, 2. — b) transitiva: ἀποπέμπειν ἐς τε τὰ ἔθνη καὶ τὰ οἰκεῖα στρατόπεδα VIII, 7, 7 -- διαπέμπειν II, 9, 12 — VIII, 6, 8 — πέμπειν I, 11, 3 — III, 2, 4 — III, 7, 1 — IV, 6, 4. — c) reflexiva: ἄγεσθαι VII, 3, 4 — ἐπείγεσθαι VI, 7, 5.

Rein local, zweimal auch bildlich, wird unsere Präposition noch bei folgenden Verben gebraucht: ἀποβλέπειν II, 13, 4 — V, 6, 7 — V, 8, 3 — ἀφορᾶν IV, 5, 7 — V, 6, 7 — VII, 1, 2 — βλέπειν III, 11, 3 — III, 15, 1 — IV, 3, 2 — IV, 5, 7 — δέχεσθαι V, 4, 4 — δηλοῦν VII, 10, 1 — διαγγέλλειν II, 9, 1 (ἔς τε Παίονας καὶ Ἰλλυριοὺς καὶ πᾶν τὸ ἐκεῖ[σε] στρατιωτικόν — καθῆκειν VII, 1, 5 bis — καλεῖν VII, 3, 2 — νεύειν I, 6, 4 — IV, 3, 8 — περατοῦσθαι IV, 2, 7 -- συγκαλεῖν II, 10, 1 — VII, 8, 3 — VIII, 7, 3 — σωρεύειν VIII, 4, 4 — VIII, 5, 3 — φυγαδεύειν VI, 1, 10. Das Ziel ist ein Körperteil bei βρέχεσθαι VII, 2, 5 (ἐς γόνυ) und bei τοξεύειν VI, 7, 8 (ἐς γυμνὰς τὰς κεφαλάς).

Den Verben der Bewegung entsprechen folgende Substantiva: ἄνοδος VII, 10, 5 (τὴν ἐς τὸ Καπιτώλιον ἄνοδον) — ἄφιξις I, 14, 4 — III, 1, 1 — VII, 12, 9 — VIII, 1. 1 — ἄφοδος II, 8, 9 — II, 10, 6 — διάβασις III, 1, 6 — εἴσοδος VII, 12, 4 — ἔξοδος II, 11, 1 — III, 14, 2 — ἐπάνοδος VIII, 7, 7 — ἔφοδος VII, 9, 9.

Rein lokal ist auch folgender einzelne Fall: τὰ σκέλη πάντα σκέπων ἀπ' ὀνύχων ἐς μηροὺς ἐσθῆσιν V, 3, 6 ('ab unguibus ad femora' Polit.); endlich gehören hierhin: οἱ Ῥωμαῖοι οὐκέτι τὰς φάλαγγας ἐς βάθος συνίστασαν, ἐς μῆκος δ' ἐκτείνοντες κτλ. IV, 15, 4 — (ἀστέρες) ἕτεροι ἐς μῆκος κεχαλασμένοι I, 14, 1.

II. Die oben angeführten und andere Verba der Bewegung werden häufig auch bildlich-lokal gebraucht: a) intransitiva: διαφοιτᾶν II, 6, 1 (ἡ ἀναίρεσις διεφοίτησεν ἐς τὸν δῆμον) — ἐκβακχεύεσθαι V, 8, 1 (ἐς ὕβριν καὶ παροινίαν) — ἐκπίπτειν V, 1, 7 (ἐς ὑπεροψίαν) — ἐλαύνειν I, 4, 5 (ἐς ἀρχῆς μῆκος) — VII, 1, 1 (ἐς τοσαύτην τύχην) — VII, 10, 4 (ἐς δευτέραν ὑπατείαν) — ἐξοκέλλειν VI, 1, 5 (ἔς τι τῶν γενικῶν ἁμαρτημάτων) -- VII, 10, 2 (ἐς τυραννίδα) — ἐξολισθάνειν I, 3, 1 (ἐς ἡδονάς) — ἐπανιέναι VI, 1, 3 (ἐς τὴν προτέραν . . . αἵρεσιν) — ἔρχεσθαι I, 2, 3 (ὅσα ἐς ἡμᾶς ἦλθεν ἢ λεχθέντα . . ἢ γραφέντα) — ἥκειν III, 12, 4 (ἐς ὅσον κίνδυνον) — μεταπίπτειν I, 1, 4 (ἡ Ῥωμαίων δυναστεία ἐς μοναρχίαν) — II, 3, 1 (τὴν ἀρχὴν μεταπεσοῦσαν ἐς ἄνδρα) — II, 10, 3 (ἡ ἐς Κόμοδον μεταπεσοῦσα sc. ἀρχή) — μετέρχεσθαι III, 2, 8 (τὸ πάθος) . . μετῆλθεν ἐς τὰς . . . πόλεις) — παρέρχεσθαι II, 7, 1 (ἐς τὴν ἀρχήν) — περιέχεσθαι II, 10, 4 (ἐς σεμνὸν πρεσβύτην . . . περιῆλθεν ἡ ἀρχή) — II, 11, 5 (ἐς τὸν Σεβαστὸν περιῆλθεν ἡ μοναρχία) -- συντελεῖν II, 2, 6 (εἰς ἓν τέρμα βίου) — χωρεῖν V, 3, 10 (ἐς πᾶν τὸ στρατιωτικὸν sc. τὴν φήμην) — VII, 12, 2 (ἐς διαλλαγάς). — b) transitiva: ἄγειν I, 8, 2 (ἐς ὑποψίαν) — II, 4, 5 (ἐς τέλος) — III, 11, 6 (ἐς τέλος) — ἀθροίζειν I, 1, 3 (ἐς συγγραφήν) — αἴρειν I, 13, 6 (ἐς τὸ μέγιστον ὕψος) — II, 13, 1 (ἐς μειζόνων πραγμάτων ἐλπίδα) — VII, 3, 1 (ἐς δόξαν) — ἀνακαλεῖν II, 4, 4 (ἐς τε τὸ εὔτακτον καὶ κόσμιον) — ἀναφέρειν I, 12, 5 (τὰς αἰτίας ἐς ἐκεῖνον) — I, 14, 7 (τ᾽ς αἰτίας . . . ἐς τοὺς . . φόνους) — I, 14, 9 (προςηγορίαις ὧν αἱ πλεῖσται ἐς Ἡρακλέα . . ἀνεφέροντο) — I, 16, 1 (ἐς θεόν) — II, 3, 4 (Αἰνείαν — τὴν διαδοχήν) — II, 10, 3 (τὰ πλεῖστα τῶν γιγνομένων οὐκ ἐς ἐκεῖνον . . ἀλλ' ἐς τοὺς . . κόλακας) — V, 6, 2 (τὸ γένος ἐς Κόμοδον) — ἀφιέναι II, 4, 7 (ἐς τὸ ἀρχαῖον καὶ ἐλεύθερον) — ἐμβάλλειν VI, 7, 2 (ἐς μείζονα φροντίδα) ἐπάγεσθαι I, 6, 8 (ἐς φιλίαν) — VII, 8, 10 (ἐς φιλίαν καὶ συμμαχίαν) — ἐπανάγειν V, 4, 11 (ἐς τὴν τιμωρίαν) — ἐπιστρέφειν V, 3, 8 (τὰς ὄψεις ἐς ἑαυτήν) — καθέλκειν I, 17, 9 (ἐς ὕπνον) — III, 6, 4 (ἀρχὴν .. ἐς αὐτόν) — μετάγειν II, 4, 1 (ἐς τὸ κόσμιον καὶ εὔτακτον) — III, 8, 5 (ἐς τὸ ἀβροδίαιτον) — VI, 1, 2 (ἐς ἀριστοκρατίας τύπον) — VII, 1, 1 (ἐς τυραννίδος ὠμότητα) — III, 5, 1 (τὴν ἀρχὴν ἐς ἑαυτόν) — VII, 1, 5 idem — VII, 3, 5 (χρήματα ἐς ἑαυτόν) — παράγειν I, 16, 1 (ἀπὸ τῆς Ἑλλάδος φωνῆς ἐς τὴν ἐπιχώριον) — V, 7, 3 (τὸ παππῷον ὄνομα ἐς τὸ τοῦ Μακεδόνος) — περιάγεσθαι III, 15, 7 (ἐς ὁμόνοιαν καὶ φιλίαν) — περιάγειν IV, 3, 1 (ἐς αὐτὸν ... τὴν ἀρχήν) — περιιστάναι VII, 3, 5 (ἐς πενίαν) — προάγειν III, 10, 6 (ἐς μεγάλην ἐξουσίαν) — VI, 1, 3 (ἐς τιμὰς καὶ ἐξουσίας) — προςάγεσθαι I, 3, 5 (ἐς συμμαχίαν) — I, 10, 2 (ἐς τὴν συμμαχίαν) — προτρέπειν III, 12, 4 (ἐς τοὺς ἐλέγχους) — III, 13, 3 (ἐς ὁμόνοιαν καὶ συμφωνίαν) — συνάγειν III, 13, 3 (ἐς φιλίαν) — τρέπειν I, 12, 8 (ἐς φυγήν) — ὑπάγεσθαι II, 9, 10 (ἐς ἃ ἐβούλετο) — II, 14, 4 (ἐς εὔνοιαν καὶ πίστιν) — IV, 7, 3 (ἐς φιλίαν) — VI, 2, 1 (ἐς φόρου συντέλειαν). — c) reflexiva: ἐμφορεῖσθαι IV, 8, 3 (ἐς ὅσον ἤθελε τῶν ὀνειράτων) — ἐπείγεσθαι II, 8, 7 (ἐς τὸ ὑπακούειν) — καταφέρεσθαι II, 1, 2 (ἐς ὕπνον) — II, 9, 5 idem — ὁρμᾶσθαι III, 13, 6 (ἐς πάσας ἡδονῶν ὀρέξεις) — προςαράσσεσθαι I, 4, 3 (ἐς φαῦλα ἐπιτηδεύματα).

Dem entsprechen die beiden Substantiva ἀναφορά und μεταβολή: τὰ κατορθωθέντα ἐς τὴν ἐκείνου σοφίαν τε καὶ στρατηγίαν τὴν ἀναφορὰν ἔχει I, 5, 7 — ἐπιείκεια καὶ χρηστότης — τὴν ἀναφορὰν ἐς αὐτόν τινα ἔχει V, I, 6 — τὴν ἐς τὸ σωφρονέστερον .. μεταβολήν II, 3, 9.

Gleichfalls schwebt der Begriff der Richtung auf ein Ziel in bildlich-lokalem Sinne noch in folgenden Verben vor: κατατιθέναι: μὴ μάτην ἐς ὑμᾶς τιμήν τε καὶ σπουδὴν κατατεθεῖσθαι I, 4, 3 — μεγάλων .. κατατεθεισῶν ἐς αὐτὸν εὐεργεσιῶν III, 6, 2 — τὰς ἐς ἐκείνου εὐεργεσίας κατατεθείσας VI, 9, 1 — ᾄδειν: ᾀδουσιν ἑκάτεροι ὕμνους τε καὶ παιᾶνας ἐς τὸν τετελευτηκότα IV, 2, 5 — ἐλπίζειν: [Γορδιανοῦ] τετελευτηκότος ἐς ὃν ἠλπίκετο VII, 10, 1. Hier reihen sich auch noch folgende zwei Ausdrücke an: ἐς αὐτὸν ὁ ἐνιαυτὸς ἄρχεταί τε καὶ παύεται I, 16, 2 ('a quo incipit in quem desinit annus' Polit.) — und τὴν ἀπ' Αἰνείου τοῦ Φρυγὸς ἐς αὐτοὺς διαδοχὴν καταλέγοντες I, 11, 3.

III. Häufig bezeichnet der präpositionale Ausdruck eine Person oder Sache, die der Gegenstand irgend einer Thätigkeit ist: ἁμαρτάνειν: ἐς Μαξιμῖνον VII, 9, 11 — ἀπορριπτεῖν: ἐς τοὺς ὑπερέχοντας πολλὰ χαρίεντα μὲν αὐτοῖς δοκοῦντα λυπηρὰ δὲ τοῖς σκωφθεῖσι IV, 9, 2 — βλάσφημά τε πολλὰ ἐς τὴν Ῥώμην καὶ τὴν σύγκλητον VII, 8, 9 — ἀποσκώπτειν (resp. das Simplex): ἐς ἡνίοχον IV, 6, 4 — ἐς αὐτόν IV, 9, 2 — ἐς τὴν τοῦ ἀδελφοῦ ἀναίρεσιν VI, 9, 3 — ἐς τοῦτον IV, 12, 1 — ἐς αὐτούς VIII, 5, 2 — ἀσεβεῖν: ἐς τὸν ὅρκον II, 13, 8 — θεοὺς ἐς οὓς ἠσέβησε, III, 7 — ὀμνύναι: ἐς τὸ ἐκείνου ὄνομα τοὺς συνήθεις ὅρκους II, 2, 10 — ἐς τὸ Σεβήρου ὄνομα II, 13, 2 — πράττεσθαι: ἐς τοὺς καθ' ἕνα VII, 3, 4 — ὑβρίζειν: ἐς τὰ ἐκείνου ἔργα IV, 5, 5; so auch bei Substantiven, bei denen dann der präpositionale Ausdruck den gen. obj. vertritt: τὴν στοργὴν τὴν ἐς τὸν παῖδα I, 17, 3 — τὴν ἐς τὸν πατέρα τιμήν IV, 1, 5 — τὴν . . . τὴν πόλιν τιμήν IV, 9, 5, wofür auch πρὸς gebraucht wird τῆς πρός με τιμῆς II, 3, 5 — αἱ . . . ἐς τοὺς ὑπηκόους ὕβρεις τε καὶ βίαι I, 3, 2 — τὰς ἐς αὐτὸν ὕβρεις IV, 13, 2.

IV. Mit εἰς erscheinen ferner verbunden die Begriffe des Teilens und Ordnens διαιρεῖν: διελὼν ἐς δύο ἡγεμόνας τὴν τοῦ ἔθνους ἐξουσίαν III, 8, 2 — κατατάσσειν: ἐς τὴν σύγκλητον βουλήν ἢ τὸ ἱππικὸν τάγμα V, 7, 7 — ἐς τοὺς ἱππεύοντας στρατιώτας VI, 8, 1 — μερίζειν: μερισθεῖσα ἢ Ῥωμαίων ἀρχή . . . ἐς πλείους δυνάστας I, 1, 5 — (τὰς οὐσίας) ἐβούλετο μερίσαι ἐς τοὺς στρατιώτας καὶ τοὺς μονομαχοῦντας I, 17, 2 — ἐς ὑμᾶς μερισθείην ἄν IV, 3, 8 — βασιλέας ἐς οὓς ἠθέλησαν μερίσαι τὴν ἀρχήν VII, 10, 2 — νέμειν: τὸ στρατιωτικὸν ἐς τρεῖς μοίρας VI, 5, 1 — πῶς ἢ ἀθλία ἐγὼ ἐς ἑκάτερον ὑμῶν νεμηθείην ἢ τμηθείην; IV, 3, 8. Dahin kann man auch ziehen: ἐς τὸν πολὺν ὅμιλον ἀριθμεῖσθαι I, 1, 1.

V. Temporal findet sich εἰς 1. im Sinne des „bis auf", 2. auf die Frage: für wie lange? vereinzelt auch 3. auf die Frage: wann? 1. ἐς τὸν ἐσόμενον αἰῶνα I, 4, 7 — μένει καὶ ἐς ἡμᾶς usque ad nostram aetatem II, 9, 6 — ἐξ ἑωθινοῦ ἐς ἑσπέραν IV, 15, 4. — 2. ἐς τὸ παρόν für jetzt I, 5, 8 — ἐς δέκα ἔτη II, 4, 6 — [ἐς τὸ παρόν II, 5, 4] was zu tilgen ist — ἐς τὰ ἐπιόντα für die Zukunft II, 6, 14 — εἰς ὕστερον für später III, 5, 1, auch οἱ εἰς ὕστερον IV, 14, 5 — ἐς ὅσον II, 11, 4 — IV, 15, 3 — VI, 5, 10 -- VII, 3, 4. — 3. εἰς ῥητὴν ἡμέραν II, 8, 1 — εἰς τὸ ἔαρ vere VII, 2, 9. Zu dem temporalen Gebrauch gehören auch folgende Ausdrücke: ἐλαύνειν: ἐς μακρὸν γῆρας = „ad summam senectutem pervenire" II, 5, 6 ἐς ἔκτον ἔτος τῆς βασιλείας V, 8, 10 — ἐς τεσσαρεσκαιδέκατον τῆς βασιλείας ἔτος VI, 1, 7 — ἐς ἔτος περί που ὀγδοηκοστόν VII, 5, 2 — τελεῖν: εἰς ἡλικίαν ἐφήβων III, 10, 1 = aetatem puberum iam agentes (Irmisch IV, p. 1085).

VI. Sehr zahlreich ist der finale Gebrauch der Präposition, in Abhängigkeit a) von Substantiven (und in Wendungen, die mit Substantiven zusammengesetzt sind): ἐς πρόγνωσιν τῶν μελλόντων σύμβολα II, 9, 3 — ἐς εὐνοίας ἀνάκτησιν φάρμακον VI, 6, 4 — ἔχων ἐναύσματα ἐς βασιλείας ἐπιθυμίαν II, 15, 2 — ἐς ἀνδρείαν ὑπάρχει γενναῖα ἐφόδια II, 10, 5 — πολλὰ τὰ ἐφόδια ἐς ἀγαθὰς ἐλπίδας VII, 5, 5 — ἤγειρον τὰς ὀρέξεις ἐς τὴν ἡδονῶν ἐπιθυμίαν I, 6, 2 — πρόφασιν .. ἐς ἃ ἐβούλοντο V, 3, 1. — b) von Adjektiven und Participien: τὸ ... ἐπίλεκτον ἐς πρόκρισιν τοσαύτης .. εὐγενείας II, 3, 5 — ἐς καινοτομίαν τῶν καθεστηκότων ἐπιτήδειον II, 7, 9 — εὐεξίας ἐς στρατείαν ἐπιτηδείου IV, 9, 5 — ἐς μάχην ἐπιτήδειοι VI, 3, 1 — ἐς τὸν παρόντα πόλεμον ἐπιτήδειος VI, 8, 4 — τροφὰς καὶ ποτὰ ἐπιτήδεια VIII, 5, 3 (ἐπιτήδ. mit ἐπί II, 10, 7 und mit πρός II, 9, 11 — VI, 4, 7 — VI, 8, 4 — VII, 2, 2 — VIII, 11, 7 — VIII, 5, 7) — ἐς τὸ φιλάνθρωπον καὶ εὐεργετικὸν ἐπιρρεπής VI, 9, 8 ähnlich VI, 1, 6 (mit πρός V, 1, 2) — κοῦφος ἐς διαβολίαν VII, 3, 3 (mit πρός VII, 7, 1) — πρόθυμον ἐς τὸν ὑπὲρ αὐτοῦ κίνδυνον VII, 6, 5 — τὸ ἐς τὰς μάχας πρόθυμον VIII, 3, 6 — ἐς τὸ κοινὸν χρηστὴ γένοιτο μεταβολή II, 3, 8 — καιρὸν ἐς ἀνάπαυσιν ὡρισμένον I, 17, 9. — c) von Verben, 1. auffordern u. ä. αἰτεῖν ἐς θάνατον I, 12. 5 — ἀκούων τὴν τραχύτητα καὶ ὠμότητα VII, 1, 12 — ἀναιρέθειν ἐς πραγμάτων καινοτομίαν V, 4, 2 — ἐς ἐπιθυμίαν ἀρχῆς; VI, 2, 6 — ἐς ἀπόστασιν VII, 5, 1 — ἐγείρειν ἐς προθυμίαν VIII, 4, 9 — οἰκειοῦσθαι ἐς εὔνοιαν II, 4, 2 — παροξύνειν ἐς τοῦτο I, 10, 7 — ἐς ὠμότητα V, 1, 3 — ἐς μῖσος καὶ ἀπόστασιν VII, 4, 1 — πείθειν ἐς ἐπιθυμίαν μοναρχίας VIII, 8, 4 — προκαλεῖσθαι ἐς εὔνοιαν καὶ φιλίαν IV, 3, 3 — ἐς αἰσχρὰς ἐπιθυμίας VI, 1, 5 — ἐς μάχην VI, 3, 5 — ἐς εὔνοιαν καὶ προθυμίαν VI, 8, 8 — ἐς οἶκτον καὶ ἔλεον VI, 9, 3 — ἐς ὠμότητα καί .. ὀργήν VII, 1, 4 — τυφοῦν ἐς ἐλπίδα μειζόνων πραγμάτων VI, 5, 10. — 2. zurüsten u. ä. ἐκπέμπειν ἐς τὴν μάχην III, 7, 2 — εὐτρεπίζειν ἐς τὴν ὑποδοχήν IV, 11, 1 — ὁρμᾶν ἐς ἀπόστασιν VII, 4, 1 — παρασκευάζειν ἐς τοῦτο IV, 5, 2 — συγκροτεῖν ἐς πολεμικὴν ἄσκησιν VII, 2, 2 — φράττειν ἐς κωλύμην τῆς διαβάσεως VIII, 1, 6. — 3. gebrauchen und dienlich sein χρῆσθαι ἐς ποτὸν καὶ ἐδέσματα IV, 7, 5 — ἐς ὑπηρεσίαν ἑαυτῶν VIII, 4, 4 — καταχρῆσθαι ἐς τὰς μηχανάς VIII, 4, 8 — ἀρκεῖν ἐς τὴν ὑπηρεσίαν VII, 8, 5 — ὑπηρετεῖν ἐς πομπήν II, 11, 9. — 4. geben, gewähren παρέχειν ἐς χρῆσιν VIII, 6, 3 — πέμπειν δῶρα ἐς τιμὴν τοῦ βασιλέως IV, 2, 9 — π. χρήματα ἐς ἀνοικισμὸν τῶν πόλεων III, 6, 9. — 5. erdenken, reden, ausführen ἐπινοεῖσθαι ἐς εὐπορίαν χρημάτων II, 4, 7 — εἰπεῖν ἐς προτροπήν I, 6, 7 — ἐς μυστηρίων ζῆλον II, 8, 10 — πράττειν ἐς ζῆλον τῆς Μάρκου ἀρχῆς II, 14, 3. — d) in freier Weise einen Finalsatz vertretend: ἐς ἀνδρείας δόξαν I, 13, 8 — ἐς πομπὴν κεκοσμημένα II, 13, 10 — ἐς ἀσφάλειαν πίστεως III, 9, 2 — ἐς ἑστίασιν ἢ κῶμον III, 12, 11 — ἐς τὴν Ἀλεξάνδρου μίμην IV, 9, 4 — ἐς φυγήν, ἐς δίωξιν VII, 2, 6 — ἐς εὐθηνίας ἢ νομὰς τῶν δημοτῶν III, 3, 5 — οὐκ ἐς κωλύμην οὐδ' ἐς ἀντίστασιν VIII, 8, 5. Der finale Ausdruck ist der substantivierte Infinitiv: I, 9, 1 — I, 10, 6 — I, 13, 5 — II, 6, 9 - II, 7, 10 -- II, 14, 5 — III, 8, 3 — III, 13, 3 — V, 2, 6 — VI, 1, 6 — VI, 2, 4

— VI, 4, 1 — VI, 5, 4 — VI, 7, 10 -- VI, 8, 2 — VII, 3, 2 — VII, 6, 2 — VII, 7, 4 — VIII, 8, 5. VII. Einmal findet sich der präpositionale Ausdruck als Prädikat gebraucht: χρήματα πάμπλειστα τῇ θιῷ ἐς προῖκα· ἐπιδοῦναι V, 6, 5. VIII. Ferner erscheint εἰς im Sinne von κατά zur Bezeichnung der Norm, nach der etwas geschieht: ἐς φάλαγγος σχῆμα II, 6, 13 — ἐς θεάτρου σχῆμα III, 4, 2 — ἐς σχῆμα οἰκή- ματος IV, 2, 6 — κύμας . . . . . ἐς κουρὰν τὴν Γερμανῶν ἠσκημένας IV, 7, 3 — ἐς εἶδος τιάρας V, 5, 3 — ἐς τὰ παρατυχόντα σχήματα VII, 9, 6 — ἐς τετράγωνα σχήματα VIII, 1, 2. IX. εἰς hat zuweilen die Bedeutung: in Bezug auf = was anlangt: [ἐς τὸ ἀβροδίαιτον II, 8, 9] was mit Mendelssohn zu tilgen ist — ὅταν ἐς τὴν ἀπόβασιν εὐτυχηθῇ II, 9, 3 — ἡ Ἀλεξάνδρου βασιλεία εὐδοκίμησεν ἐς τὸ ὁλόκληρον VI, 9, 8 — τὴν Λιβύων ἐς ἑαυτὸν σύμπνοιαν VII, 6, 3 — ἐς πραγμάτων διοίκησιν γενναῖος ἅμα καὶ θυμοειδής II, 9, 2 — τὸ μέλλον καὶ προς- ιὸν ἐς τὸ κερδαλέον αὐτοῖς εὔελπι VI, 8, 4. Hierhin gehört auch das Verbum διαβάλλειν, bei dem εἰς gradezu in die kausale Bedeutung übergeht: ἐς ἀνανδρίαν καὶ θήλειαν νόσον διέβαλλεν IV, 12, 2 — διαβάλλων καὶ διασκώπτων ἐς ῥαθυμίαν καὶ τρόπων χαυνότητα V, 1, 3 — διεβέβλητο . . . . . ἐς φιλαργυρίαν τε καὶ μικρολογίαν VI, 9, 8. X. Phraseologische Verbindungen finden sich bei zwei Verben: ἐπιδιδόναι ἑαυτόν und ἔρχεσθαι; ersteres steht an folgenden Stellen: ἐς τὸ ἀβροδίαιτον καὶ ἄσεμνον II, 7, 1 — idem V, 2, 4 — ἐς τὴν τῆς ἀρχῆς φροντίδα II, 15, 4 — ἐς στρατείαν III, 1, 3 — ἐς στρατείαν καὶ τὸν κίνδυνον III, 4. 1 — ἐς τὸ χεῖρον III, 13, 5 — ἐς εὐτελῆ καὶ ἐπιχώριον στρατείαν VII, 1, 2. Daneben findet sich der Dativ I, 3, 1 — I, 16, 4 — II, 5, 3 — II, 7, 6 — II, 8, 9. Die Phrasen mit ἔρχεσθαι sind folgende: ἐς τοσοῦτον τιμῆς καὶ ἐξουσίας προῆχθη ὡς c. inf. I, 12, 3 — ἐς τοσοῦτον μανίας καὶ παρανοίας προυχώρησεν ὡς c. inf. I, 14, 8 — ἐς τ. προεχώρησε μανίας ὡς c. inf. I, 15, 8 — ἐς τ. ἐξώκειλε παροινίας ὡς c. inf. V, 7, 6 — ἐς τ. προεχώρησεν ὕβρεως ὡς c. inf. VI, 1, 9. XI. Eigentümlich prägnant ist der Ausdruck mit εἰς an folgender Stelle: ἐκθειασθῆναι τὸ πάθος τοῦ μειρακίου ἐς μῦθον καὶ τὴν Διὸς ἁρπαγὴν I, 11, 2 = „pro divino aliquo habitum esse et mutatum in fabulam", auch möchte ich hier anfügen ἀπασχολούσης ἐς ἑαυτὴν τὰ βέλη VII, 2, 5, wenn man nicht ein Hyperbaton annehmen und ἐς ἑαυτήν mit συνεχείας verbinden will. XII. Den Schluss mögen fünf Stellen bilden, an denen εἰς mit seinem Nomen adverbial steht: ἐργάζεσθαι ἐς τετράγωνον III, 1, 6 — ἀσκεῖν ἐς λεπτότητα fein ausarbeiten I, 17, 1 — λήγειν ἐς ὀξύτητα spitz auslaufen V, 3, 5 — ἀναβοᾶν ἐς οἰμωγήν laut aufschreien I, 4, 7 — προχωρεῖν ἐς μέγα mächtig fortschreiten I, 11, 3.

§ 5. Die Präpositionen mit zwei Casus.

1. Διά c. genetivo.

I. Rein local steht διά a) in Verbindung mit Verben: ἀνάγειν: διὰ μέσον τοῦ πλήθους VII, 10, 8 — ἀπάγειν: διὰ μέσης τῆς πόλεως VIII, 8, 6 — δύεσθαι διὰ τῶν γεγυμνωμένων μερῶν τοῦ σώματος VIII, 4, 10 — ἐκφέρειν διὰ μέσων τῶν φυλάκων II, 1, 2 — εἰσέρχεσθαι διὰ πάσης τῆς βασιλικῆς οἰκίας III, 12, 1 — ἐπέρχεσθαι δι' Ἀρμενίας VI, 5, 1 — κατακομίζειν διὰ τῆς ἱερᾶς ὁδοῦ IV, 2, 4 — διὰ γῆς ἢ ποταμῶν VIII, 2, 3 — κατέρχεσθαι διὰ μέσης τῆς ἱερᾶς ὁδοῦ VII, 6, 9 — μετακομίζειν διὰ μέσης τῆς ἱερᾶς ὁδοῦ I, 14, 5 — τὴν ὁδοιπορίαν ποιεῖσθαι διὰ τῶν . . . ὁρῶν III, 6, 10 — πέμπειν δι' Ἀρμενίας VI, 5, 5 -- περαιοῦσθαι διὰ τῆς Κυζικηνῆς χώρας III, 2, 6 — διά τε Βιθυνίας καὶ Γαλατίας III, 3, 1 — διὰ τοῦ στενοῦ . . πορθμοῦ V, 4, 11 — προπέμπειν δι' ἑτέρων ὁδῶν καὶ ἀτραπῶν II, 13, 12 — ῥεῖν διὰ τοῦ πεδίου III, 4, 5 — σύρεσθαι διὰ πάσης τῆς πόλεως V, 8, 9 — φέρειν διὰ μέσης τῆς . . ἱερᾶς ὁδοῦ II, 9, 5 — φέρεσθαι δι' ὅλων τῶν βασιλείων IV, 4, 4 — διὰ μέσης τῆς πόλεως ibid. — φοιτᾶν δι' ἡλίου I, 7, 5. — b) unabhängig: ἀπάρας τῆς Ἰλίου διά τε τῆς ἄλλης Ἀσίας καὶ Βιθυνίας τῶν τε λοιπῶν ἐθνῶν IV, 8, 6 und ῥείθροις αἵματος διὰ τοῦ πεδίου IV, 9, 8, wo Mendelssohn mit Grund ein Participium vermisst. II. Bildlich-lokal findet διά sich gebraucht διὰ ξίφους χωρήσας καὶ φόνου IV, 4, 2 — διὰ βασάνων χωρεῖν IV, 5, 4 — ἔρχεσθαι διὰ πάσης τάξεως στρατιωτικῆς VI, 8, 1.

III. An den lokalen Gebrauch knüpfen an die Phrasen mit εἶναι ἔχειν und φέρειν: εἶναι δι' εὐχῆς in votis esse II, 10, 2 — ἔχειν δι' ἐλπίδος II, 1, 7 — δι' ἡδονῆς IV, 6, 2 — VII, 8, 7 — διὰ τιμῆς τε καὶ θαύματος II, 2, 7 — διὰ φροντίδος III, 2, 4 — VIII, 2, 5 — VIII, 7, 6 — φέρειν διὰ μνήμης II, 2, 8.

IV. Temporal erscheint διά nur dreimal: δι' ὅλου τοῦ χειμῶνος VIII, 4, 2 und διὰ παντός (sc. χρόνου oder καιροῦ) = in perpetuum II, 4, 6 — VIII, 7, 4.

V. Unsere Präposition dient ferner zur Bezeichnung der persönlichen oder sächlichen Vermittlung: γενομένης ἐξετάσεως διὰ τοῦ Περεννίου I, 8, 8 — τὸ γραμματεῖον διά τινος τῶν ἑαυτῷ πιστῶν πέμπει I, 17, 6 — πείσας αὐτοὺς διὰ τῶν παίδων III, 5, 6 — διά τινος τῶν ἐμοὶ πιστῶν δηλῶσαι III, 12, 5 — (ἀρώματα) δι' ἐμπόρων κομισθήσεσθαι IV, 10, 4 — τί παθεῖν διὰ τῆς τῶν παίδων ἀναιρέσεως III, 2, 5.

VI. Dies letzte Beispiel leitet über zu dem kausalen Gebrauch von διά: λαθόντες διὰ ταχείας καὶ ἀβάτου ὁδοιπορίας sie blieben unbemerkt, weil sie schnell reisten und durch unwegsame Gegenden I, 10, 3 — (κενὰ οἰνοφόρα σκεύη) μὴ παρενεχθήσεσθαι διὰ τοῦ δεσμοῦ τὸ ἐπάλληλον VIII, 4, 4.

VII. Am zahlreichsten ist das instrumentale διά vertreten, das zuweilen mit dem blossen Dativ korrespondiert, a) bei Verben: ἀνάγειν διὰ τῶν ὅπλων II, 6, 4 — βεβαιοῦν δι' ὠμότητος II, 2 — δηλοῦν δι' ὧν II, 10, 2 — γράμματι δι' ὧν ἐδήλου VII, 6, 3 — ἐπιβουλεύειν διὰ δηλητηρίων φαρμάκων καὶ διὰ πάσης ἐνέδρας IV, 5, 4 — δι' ἐνέδρας VIII, 2, 1 — πίνακι δι' ὧν ἐπιστέλλεται VII, 6, 5 — δι' οὗ εὐφραίνουσι III, 13, 6 — εὐωχεῖσθαι διά τε ἡνιοχείας καὶ πάντων θεαμάτων τε καὶ ἀκροαμάτων V, 6, 6 — ἔχειν δι' ἁρπαγῆς VI, 3, 7 — θεραπεύειν διὰ γραμμάτων II, 10, 1 — ὕβρεις τε καὶ βίαι δι' ὧν κατῄσχυναν I, 3, 2 — κελεύειν διὰ προγράμματος IV, 9, 4 — κινδυνεύειν διὰ θανάτου VI, 7, 9 — λόγους δι' ὧν ἐκοσμούμην VI, 3, 3 — κτᾶσθαι δι' ἀνδρείας ἐναρέτου (ἀρχήν) II, 13, 6 — κωλύειν διὰ γραμμάτων VI, 2, 3 — νικᾶν δι' ὅπλων IV, 14, 8 — οἰκειοῦσθαι διὰ χρημάτων (εὔνοιαν) V, 8, 3 — βλάσφημα δι' ὧν παρεφθέγγετο VII, 8, 9 — ποικίλλεσθαι διὰ χρυσοῦ πολλοῦ καὶ λίθων τιμίων V, 8, 6, wofür der blosse Dativ χρυσῷ καὶ πορφύρᾳ V, 3, 6 und χρυσῷ τε καὶ λίθοις τιμωτάτοις V, 6, 6 steht — πορίζεσθαι δι' ἐπιδρομῆς καὶ ἐφόδου I, 6, 9 — προΐεσθαι διὰ γλώττης II, 9, 13 — προφέρεσθαι διὰ φωνῆς καὶ γλώττης VII, 8, 2 — γράμματα δι' ὧν ἐσπένδετο II, 12, 3 — φέρεσθαι διά τε μεγίστου βάθους καὶ πλ. VIII, 4, 1. — b) bei Substantiven: τῇ διὰ δοράτων καὶ ξιφῶν μάχῃ III, 4, 8 — τὴν διὰ δοράτων συστάδην μάχην IV, 10, 3 — τὰ διὰ ὄψεως νεύματα VII, 8, 2 — τὴν διὰ τόξων εὔστοχον ἐμπειρίαν IV, 10, 3 — ταῖς διὰ χειρὸς ἀπειλαῖς VII, 8, 9. — c) unabhängig: διὰ τῆς βοῆς III, 6, 8 — διὰ δόγματος VII, 10, 5 — διὰ τοῦ πυρός durch Feuerzeichen IV, 2, 8 — διὰ σοφίας II, 15, 5.

VIII. Schliesslich finden sich noch folgende adverbiale Ausdrücke: δι' ἀνάγκης zwangsweise III, 4, 7 — διὰ γραμμάτων schriftlich II, 15, 3 — III, 11, 9 — VII, 8, 2 — δι' ἡδονῆς gern VI, 3, 4 — διὰ σπουδῆς eilig III, 3, 7. Die Stelle διά τε πορφύρας χρυσοῖ ὑφάσμασι . . . . κοσμούμενος V, 5, 3 ist zweifellos verdorben und wird am besten mit Reiske so emendiert διαχρύσοις τε πορφύρας ὑφάσμασι κ.

2. Διά c. accusativo.

Die Präposition findet sich nur causal; wir unterscheiden zwei Fälle:

I. Die Bezeichnung des äusseren Grundes für eine Handlung oder einen Zustand: μήτε . . ἐπὶ τὴν Ῥώμην χωρῆσαι διά τε νεῶν καὶ ὀχημάτων ἀπορίαν VIII, 5, 5 — δι' ἀσφάλειαν I, 14, 3 — οἴκοι μένειν διὰ γῆρας VII, 9, 9 — νοσεῖν εἴτε διὰ δυσθυμίαν εἴτε διὰ τὴν τοῦ ἀέρος ἀήθειαν VI, 6, 1 — διά τινα ἐπείξαντα III, 12, 7 — (χαίρειν) διὰ τὰς τῶν χρημάτων ἐπιδόσεις IV, 7, 4 — διὰ τὴν ἡλικίαν οὐχ οἷός τε ἦν VII, 10, 9 — δι' ἡλικίαν οἴκοι μένειν VII, 11, 2 — μηδ' ἀκούεσθαι διὰ τὸ καθειμένον τῆς φωνῆς V, 2, 3 — ἐστένωται ἢ διὰ κρημνούς . . . . ἢ διὰ πετρῶν τραχύτητα VIII, 1, 6 — (ἐμετός τε πολὺς ἐπιγίγνεται) . . . . διὰ τὸ προκαταλαμβανόμενον . . κώλυμα δηλητηρίων I, 17, 10 — δι' ὀρτύγων μάχας καὶ ἀλεκτρυόνων συμβολὰς πόλας τε παίδων ἐρίζοντες III, 10, 3 — διὰ μέγεθος καὶ ἰσχὺν σώματος . . . . καταγηείς VI, 8, 1 — idem VII, 1, 2 — διὰ σώματος μέγεθος καὶ ἰσχύν VII, 1, 6 — διὰ μῆκος ἐξουσίας VI, 8, 4 — διὰ βάθος τε καὶ πλάτος VI, 7, 6 — διὰ τὸ περικείμενον πλῆθος VII, 9, 1 — διὰ πλῆθος πτωμάτων VII, 9, 7 — διὰ πυκνότητα τῶν συνοικιῶν VII, 12, 6 — διὰ τὸ ὑπερβάλλον τοῦ ἡλίου πῦρ III, 9, 6 — διὰ σπάνιν χρημάτων II, 3, 9 — διὰ τὴν οὖσαν σπάνιν τε καὶ ταραχήν VII, 11, 4 — διὰ στενότητα καὶ τραχύτητα III, 3, 1 — διὰ τὴν τῶν ὀχημάτων καὶ ἐπιτηδείων συγκομιδήν VII, 8, 10 — διὰ τὴν τῆς βασιλείας τύχην VIII, 7, 2 — διὰ χειμῶνας VIII, 2, 3; auch Personen erscheinen als äussere Veranlassung: δι' ἐκείνην (sc. τὴν μητέρα) ταῦτα πάσχει VI, 9, 6 — δι' αὐτοὺς (sc. τοὺς στρατιώτας) ταῦτα πράττοντος τοῦ Μαξιμίνου VII, 3, 6 — ἀμυντήρια φέροντες διὰ τοὺς αἰφνιδίως ἐπιβουλεύοντας ἐχθρούς VII, 11, 4.

II. Die Bezeichnung des inneren Grundes, der in einer Gemütsstimmung oder Charaktereigentümlichkeit u. ä. liegt: δι' ἄγνοιαν τῶν τόπων VII, 2, 5 — δι' ἄγνοιαν τῶν οἰκήσεων VII, 12, 5 — διὰ τὴν . . . ἀγνωσίαν I, 11, 1 — διὰ τοιαύτας αἰτίας III, 9, 6 — δι' ἀμέλειαν ἢ δειλίαν προδιδόναι VI, 7, 3 — διὰ τε τὴν . . γνώμην καὶ τὴν . . σπουδήν II, 8, 7 — διὰ δειλίαν καὶ φαυλότητα φεύγειν VII, 8, 8 — διὰ δέος τοῦ Σεβήρου II, 12, 6 — διὰ τὸ ἐκ Σεβήρου δέος III, 4, 7 — διὰ δέος VI, 5, 8 — διὰ τὴν ἐμπειρίαν τῶν πραγμάτων I, 1, 6 — διὰ τὴν προειρημένην στρατιωτικὴν ἐμπειρίαν VI, 8, 2 — δι' ἐμπειρίαν καὶ ἀνδρείαν VI, 8, 4 — δι' ἐμπειρίαν τῆς χώρας VI, 5, 5 — τῆς μὲν διὰ στοργήν τοῦ δὲ δι' ἐπιβουλήν IV, 4, 3 an einer corrupten Stelle cf. Mendelssohn p. 110. — δι' εὐγένειαν II, 13, 6 — δι' εὐλάβειαν ἡσυχάζειν V, 2, 2 — διὰ μέλλησιν VI, 8, 3 — διὰ τε μικρολογίαν καὶ τὸ . . ὀκνηρόν VI, 9, 4 — διὰ τὴν ἐκείνου μνήμην II, 10, 1 — διὰ νεότητα πλημμελεῖσθαι II, 10, 3 — διὰ σεμνότητα αἰδεῖσθαι II, 1, 4 — διὰ σωφροσύνην ἐπαινεῖσθαι II, 3, 2 — διὰ τέχνην ἐπαινεῖσθαι IV, 10, 4 — διὰ τὴν προϋπάρξασαν τιμήν IV, 9, 5 — διὰ φόβον VII, 7, 2.

III. διὰ τό c. inf., einen Causalsatz vertretend: III, 3, 5 — VII, 12, 7 — VIII, 8, 4.

IV. Schliesslich führe ich an: δι' αὐτὸ τοῦτο I, 15, 6. διὰ ταῦτα I, 16, 2 — III, 5, 7 — IV, 7, 7. διὰ τοῦτο IV, 5, 4 — VI, 5, 2. διό I, 8, 1 — I, 8, 4 — VIII, 4, 3. διόπερ I, 1, 6 — I, 5, 4 — VIII, 7, 4 — διότι II, 7, 6.

3. Κατά c. genetivo.

I. Lokal steht κατά nur an drei Stellen: κατὰ μετώπου ἢ κατὰ καρδίας ἔφερε τὴν πληγήν I, 15, 4 — ἐπαφιεὶς τὰ βέλη κατ' ἄκρου τοῦ τραχήλου I, 15, 5. — ξύλῳ παισθέντα κατὰ τοῦ κρανίου VII, 7, 4.

II. Metaphorisch bezeichnet die Präposition „eine gegen eine Person gerichtete feindselige Handlung oder deren Vorbereitung": ἑτέρα τις ἐπιβουλὴ τοιαύτη κατ' αὐτοῦ συνεσκευάσθη I, 10, 1 (nach Webers Vermutung) — τοῖς οὕτως ὠμῶς κατ' αὐτοῦ τετολμημένοις II, 9, 9 — εὑρηκέναι τινὰ τέχνην κατ' αὐτοῦ III, 12, 3 — τοιαῦτα συσκευάζοντα κατὰ ἀνδρὸς εὔνου καὶ οἰκείου

III, 12, 4 — πάντα ψευδῆ εἶναι καί συσκευὴν κατ' αὐτοῦ III, 12, 9 -- πᾶσαν μηχανὴν κατὰ τοῦ ἀδελφοῦ ἐζήτει III, 15, 5 — ὀλέθρια καί ἐπίβουλα κατ' αὐτῶν σκέψασθαι IV, 9, 3 — τὰ κατὰ Μακρίνου γράμματα IV, 12, 6 -- αὐτοῖς χρώμενοι ἢ κατὰ πολεμίων ἢ κατὰ θηρίων VI, 5, 4 — τῇ καθ' αὑτοῦ θανατηφόρῳ (sc. ἐπιστολῇ) IV, 12, 8 — συνωμοσία κατ' αὐτοῦ συγκροτουμένη VII, 1, 4 — συνάγειν κατ' αὐτοῦ χεῖρα VII, 1, 5 — ἐνέδραν καί ἐπιβουλὴν καθ' αὐτοῦ νομίζων VII, 5, 4 — <ὀργῇ> χρῆσθαι κατὰ τῶν πολεμίων VIII, 5, 3 — οἰόμενος δόλον τινὰ εἶναι καθ' αὐτοῦ καὶ σόφισμα VIII, 8, 5. Häufig sind die hierhingehörenden Ausdrücke, welche sich auf den Sieg über einen Feind beziehen: τρόπαια ἐγείρειν κατὰ II, 1, 4 — II, 9, 9 — III, 9, 1 — III, 14, 2 — III, 15, 3 bis. — VI, 3, 6 — νίκη κατὰ 'Ρωμαϊκῶν στρατοπέδων III, 9, 1 — τῇ κατὰ Παρθυαίων νίκη III, 9, 12 — τὴν κατὰ Βρεττανὸν νίκην III, 14, 5 — τῶν κατ' αὐτῶν τροπαίων VI, 2, 4 — κατὰ τῶν ἀντιπάλων τὸ εὔελπι = der erhoffte Sieg VI, 3, 7 — νικηφόροι κατὰ Βρεττανῶν III, 15, 8.

Nur *A* bietet ἐπιέναι κατὰ τῶν ἐναντίων VI, 5, 6 was Mendelssohn nicht in den Text genommen hat.

4. Κατά c. accusativo.

I. Rein lokal bezeichnet κατά weniger genau als ἐν das Sichbefinden an einem Orte „in der Gegend von" a) bei Örtlichkeiten und zwar a) Ortsnamen 1) in Zugehörigkeit zu einem Verbum: γενομένης τῆς ἥττης κατὰ τὴν Κύζικον III, 2, 6 — κήρυκες κατὰ τὴν 'Ρώμην διεφοίτων III, 8, 10. — 2. in Zugehörigkeit zu einem Substantivum: οἱ κατὰ τὴν 'Ρώμην στρατιῶται II, 10, 2 — τοὺς κατὰ 'Ρώμην ἀνθρώπους V, 6, 5 — τῶν κατὰ τὴν 'Ρ. δορυφόρων VII, 6, 2 — τῶν κατὰ 'Ρ. πρωτεύειν δοκούντων VII, 6, 3 — τὸν κατὰ τ. 'Ρ. στρατιωτῶν προεσώτα VII, 6, 4 — τὰ κατὰ 'Ρ. ἀγγελθέντα VII, 6, 5 — τὸν κατὰ τ. 'Ρ. ἐμφύλιον πόλεμον VII, 12, 9. — 3. in Verbindung mit dem Neutrum des Artikels: τὰ κατὰ τὴν 'Ρώμην VII, 12, 8 — VIII, 7, 1 — τὰ κατὰ τὴν Ἀκυληίαν VIII, 6, 5.

β) Ländernamen 1. in Zugehörigkeit zu einem Verbum: γενόμενον κατὰ τὴν Ἰταλίαν I, 9, 10 — τούτων κατὰ Συρίαν γιγνομένων III, 3 6 — κήρυκες (κατὰ) τὴν Ἰταλίαν διεφοίτων III, 8, 10 — κατὰ Καππαδοκίαν ταῦτα ἐπράττετο III, 3, 3. — 2. in Zugehörigkeit zu einem Substantivum: πᾶσαν τὴν κατ' Ἰταλίαν (sc. γῆν) II, 4, 6 — τοὺς κατὰ τὸ Ἰλλυρικὸν στρατιώτας II, 9, 8 — τοὺς κατὰ τὸ Ἰλλυρικὸν .. ἄρχοντας II, 10, 1 — τὰ κατὰ Συρίαν πράγματα II, 10, 6 — οἱ κατὰ τὴν Ἰταλίαν ἄνθρωποι II, 11, 3 — τῶν κατὰ τὴν Ἰταλίαν πόλεων II, 14, 6 — τὰς κατὰ τ. Ἰ. τριήρεις II, 14, 7 — τῶν κατὰ τὴν Λιβύην ἀνθρώπων V, 6, 4 — τοὶς (κατὰ) Ἰ. ἀνθρώπους V, 6, 5 — τῶν κατὰ Συρίαν τε καὶ Μεσοποταμίαν ἡγεμόνων VI, 2, 1 — ταῖς κατὰ Μηδίαν .. συμβολαῖς VI, 5, 5 — ὁ κατὰ τὴν Λιβύην ἐπίτροπος VII, 4, 3. — 3. in Verbindung mit dem Artikel: τὰ κατὰ τὴν Βρεττανίαν VII, 2, 1 — τὰ κατὰ τὰς Γαλλίας ibid. — τῶν κατὰ Συρίαν VI, 4, 7 — τὰ κατὰ τὴν Λιβύην VII, 9, 11. — 4. unabhängig: κατὰ τὴν Βιθυνίαν III, 2, 9 — κατὰ Συρίαν III, 3, 3 — κατὰ Φοινίκην ibid. — κατ' Ἀσίαν ἅπασαν VI, 2, 6 — κατὰ Μεσοποταμίαν VI, 5, 2.

γ) Appellativa 1. in Zugehörigkeit zu einem Verbum: ἐκείνου κατὰ τὴν ἀνατολὴν ἀσχοληθέντος II, 15, 2 — μάχαι γίγνονται κατ' ἐκεῖνα τὰ χωρία III, 2, 2 — τὴν σύνοδον κατ' ἐκεῖνα γενέσθαι τὸ χωρίον III, 2, 4 — γεγόνασι ἀκροβολιαμοὶ καθ' ἕτερα χωρία III, 7, 2 — κατὰ τε πόλεις καὶ κατὰ ἔθνη διοΐδαινον αἱ ψυχαί VII, 13, 6. — 2. in Zugehörigkeit zu einem Substantivum: τοῖς κατὰ τὴν ἀνατολὴν ἀνθρώποις II, 7, 1 — τῶν κατὰ τ. ἀ. στρατοπέδων II, 8, 10 — τὰ καθ' ἑκάστην πόλιν λεχθέντα II, 15, 6 — τὴν κατὰ τὸν πορθμὸν διάβασιν III, 1, 6 — τὸ κατὰ τὸν Ἰσσικὸν καλούμενον κόλπον πεδίον III, 4, 2 — ὁ κατ' ἐκείνην τὴν χώραν ἀὴρ III, 14, 8 — τοὺς κατὰ τὴν ἀνατολὴν βαρβάρους IV, 10, 1 — οἱ κατ' ἐκεῖνα τὰ χωρία προφητεύοντες V, 5, 10 — τῇ κατὰ τὴν πόλιν τρυφῇ VI, 2, 3 — τὰ κατὰ τὰς ἀνατολὰς τολμώμενα VI, 3, 1 — τῶν κατὰ τὴν πόλιν νεανίσκων VII, 6, 2. — 3. in Verbindung mit dem Artikel: οἱ κατὰ τὴν πόλιν I, 12, 2 — τὰ κατὰ τὴν ἀνατολήν III, 10, 1 — τῶν κατὰ τὴν πόλιν VII, 5, 7. — 4. unabhängig: κατὰ πᾶσαν τὴν πόλιν I, 14, 9 — IV, 2, 1 - κατὰ τὴν ὁδόν IV, 1, 1 — κατὰ τὴν πόλιν IV, 3, 2 — VII, 9, 9 — VII, 12, 5 — κατὰ [τήν] μέσην ὁδόν IV, 13, 4 — κατὰ τὴν ἀνατολήν V, 5, 1.

b) Bei Personen: ἐν τῇ καθ' ἡμᾶς γῇ II, 11, 8 — τῇ καθ' αὑτὸν ὄχθῃ VIII, 4, 4.

II. Temporal: a) κατὰ τὸ περίορθρον VI, 9, 3. — b) κατ' ἐκεῖνο καιροῦ I, 12, 1 — I, 14, 1 — [I, 14, 6] — κατ' αὐτό I, 12, 3 „tunc ipsum" cf. Herm. ad Vig.⁴ p. 735. — κατὰ τὸν αὐτὸν καιρόν II, 6, 8 — καθ' ὃν καιρόν II, 7, 4 — V, 3, 10 — κατὰ τὸν καιρὸν ὅν II, 9, 5 — κατὰ τοὺς αὐτοὺς χρόνους VII, 11, 1. — c) οἱ καθ' αὑτὸν ἄνθρωποι I, 4, 7 — I, 8, 8 — I, 17, 12 — οἱ καθ' ἡμᾶς ἄνθρωποι I, 14, 4 — οἱ κατ' ἐκεῖνον γράψαντες II, 15, 7 — αἱ καθ' ἡμᾶς πόλεις III, 2, 8 — τὰ κατ' αὑτὸν μειράκια V, 3, 7 — βασιλέως τῶν καθ' ἡμᾶς VI, 1, 7 — Ἀρταβάνου τοῦ καθ' ἡμᾶς γενομένου VI, 2, 7.

III. Distributiv findet sich κατὰ an folgenden Stellen gebraucht: κατὰ χρόνους καὶ δυναστείας διηγήσομαι I, 1, 6 — κατ' ὀλίγους ἐς τὴν Ἰταλίαν παρεδύοντο I, 10, 3 — κατ' ὀλίγους ausserdem II, 7, 4 — II, 9, 7 — V, 4, 4 — κατὰ πλῆθη κακῶς ἡγούμενον I, 12, 5 („haufenweise, rottenweise" Irmisch IV p. 798) — κατὰ πλήθει σύμπαντες καὶ καθ' ἕνα [ἕκαστον] II, 10, 5 — κατὰ ἔθνη III, 1, 1 („per singulas provincias" Irmiscus l. l.) — idem III, 8, 7 — κατὰ ἔθνη καὶ κατὰ συστήματα IV, 10, 3 — τιμιάμενοι κατὰ χώρας VI, 2, 6 — οἱ καθ' ἕνα singuli II, 3, 8 — VII, 3, 4 — κατὰ λόχους καὶ φάλαγγας VIII, 4, 6 — κατὰ τε ἔθνη καὶ κατὰ πόλεις VIII, 7, 5.

IV. Separatives κατὰ (cf. Krebs, a. a. O. p. 138) καθ' ἑαυτὸν ἐπισκέψεσθαι I, 6, 7 — καθ' αὑτὴν εἰποῦσα I, 17, 5 — καθ' ἑαυτοὺς ἀναλογιζόμενοι II, 1, 3 — τὰ κατὰ μέρος πεπραγμένα Σεβήρῳ II, 15, 7 — μόνοι καὶ καθ' αὑτοῖς; III, 6, 6 — καθ' ἑαυτὸν ἑκάτερος IV, 1, 2 — ἑκάστης κατὰ μέρος προςετέτακτο VIII, 4, 6 — συγγράψας ἐν τῷ καθ' ἑαυτὸν βίῳ II, 9, 4 — καθ' ἑαυτόν γενόμενος als er für sich allein war IV, 12, 8.

V. Normatives κατὰ „gemäss, entsprechend", oft mit kausaler Nebenbedeutung: κατ' ἀξίαν II, 3, 6 — II, 3, 9 — III, 11, 5 — VIII, 8, 8 — εὐπρεπῶς καὶ κατ' ἀξίαν II, 5, 8 — γενναίως ἢ κατ' ἀξίαν II, 9, 7 — προχωρεῖν κατὰ γνώμην II, 3, 8 — III, 9, 2 — βιοῦν κατὰ γνώμην VIII, 7, 5 — κατὰ τὸ ἔθος III, 12, 1 — IV, 12, 6 — κατ' εὔνοιαν VIII, 6, 6 — ὥσπερ κατ' ἀκολουθίαν VII, 5, 2 — VIII, 7, 4 — κατ' ἐπιγαμίαν I, 6, 4 — κατ' εὐγένειαν VIII, 8, 4 — κατὰ θηλυγονίαν I, 7, 4 — κατὰ ψηφοφορίαν VII, 10, 3; hierhin gehören auch die beiden Stellen: μᾶλλον ἢ κατ' ἄνδρα V, 2, 5 — περιεργότερον ἢ κατὰ γυναῖκα σώφρονα V, 8, 1 (cf. Lutz a. a. O. p. 79).

VI. Modales κατὰ: ἐπαμύνειν κατὰ δύναμιν VI, 5, 5.

VII. Instrumentales κατὰ: συνάγειν κατ' ἐπιγαμίαν = affinitate coniungere IV, 10, 2.

VIII. Zum Schluss erwähne ich noch: a) periphrastische Ausdrücke mit dem Neutrum des Artikels: τὰ κατὰ τὸν πατέρα I, 9, 9 — τὸ καθ' αὐτόν („quae propria cuiusque sunt" Polit.) II, 3, 8 — II, 6, 3 — τὰ κατ' ἀξίαν II, 4, 3 — τὰ καθ' ἑαυτόν III, 1, 7 — τὰ κατὰ τὴν Ῥωμαίων πόλιν τε καὶ γνώμην VII, 7, 6. — b) adverbiale Ausdrücke: κατὰ δαίμονα zufällig oder glücklicherweise I, 17, 4 — κατ' ὀλίγον allmählich I, 8, 4 — III, 3, 7 — III, 9, 10 — V, 3, 10 — VI, 8, 1 — VI, 9, 4 — VIII, 4, 2.

5. Μετά c. genetivo.

I. Die Präposition steht bei persönlichen Begriffen: μετὰ τοσούτου στρατοῦ II, 11, 6 — φεύγει μετ' ὀλίγων III, 4, 6 — μετὰ τῶν λοιπῶν θεῶν IV, 2, 11 — κατῆλθε μετὰ παντὸς τοῦ στρατοῦ IV, 5, 1 — ὑπεξέρχεται μεθ' ἧς εἶχε φρουρᾶς IV, 9, 6 — ἀπέδρα μετ' ὀλίγων IV, 11, 5 — μετὰ πολλοῦ πλήθους καὶ δυνάμεως ἐπιών IV, 14, 1 — μετὰ πολλῆς δυνάμεως ἐλθόντα V, 1, 4 — μετὰ Σεβήρου καὶ Ἀντωνίνου VI, 3, 6 — σώζεσθαι μεθ' ἡμῶν VII, 5, 5 — μετὰ φρουρᾶς VII, 7, 6 — μετὰ τοῦ λοιποῦ δήμου VII, 11, 2.

II. Bei Sachbegriffen: οὕτω γὰρ ἄν μετὰ γῆς καὶ θαλάσσης ἐς ὑμᾶς μερισθείην IV, 3, 8.
III. Temporal, im Sinne von „gleichzeitig mit": σωτήρια τοῦ βασιλέως ὁ δῆμος μετὰ τῆς ἑορτῆς ἐπανηγύριζεν I, 10, 7 — καὶ τοῦτο μετὰ τῆς ἄλλης εὐδαιμονίας παρασχούσης τῆς φύσεως II, 11, 8 — ταῦτα τὰ γράμματα ἀποσημηνάμενος μετὰ καὶ ἑτέρων ἐπιστολῶν IV, 12, 6 — τὴν εἰκόνα ὕστερον καθεῖλεν ἡ σύγκλητος μετὰ τῶν λοιπῶν αὐτοῦ τιμῶν VII, 2, 8.
IV. Additiv, im Sinne von „und": μετὰ τοῦ ἀπρεποῦς καὶ ἐπισφαλές I, 6, 5 — κάλλει προσώπου μετ' ἀνδρείας = Schönheit und Männlichkeit I, 7, 5; ebenso II, 9, 9 χρηστότητα μετὰ σώφρονος . . ἐξουσίας.
V. Instrumental: μετὰ πολλῆς μάχης τῶν ἐχθρῶν κεκρατηκέναι IV, 4, 6 — (στενωποὶ) μετὰ πολλοῦ καμάτου εἰργασμένοι VIII, 1, 6 und als begleitender Nebenumstand μετὰ δακρύων ἐδεῖτο I, 16, 4 — λαβεῖν μετὰ κινδύνων οὐ τὸ μέρος εἶχεν ἄνευ πολέμου καὶ μάχης III, 6, 3 — λέγουσα μετὰ δακρύων καὶ οἰμωγῆς IV, 3, 9 — ὁ δῆμος παρέθει μετὰ παντοδαπῆς δρᾳδουχίας V, 6, 8.
VI. Am häufigsten ist der modale oder adverbiale Gebrauch:
a) μετ' αἰδοῦς III, 8, 5 — VI, 3, 6 — μετ' ἀπογνώσεως III, 3, 5 — μετ' ἐμπειρίας IV, 14, 7 — μετ' ἐπιμελείας III, 3, 7 — μετ' εὐνοίας I, 14, 7 — II, 10, 5 — μετ' εὐταξίας VII, 12, 8 — μετὰ παιδιᾶς II, 10, 7 — μετὰ πειθοῦς I, 4, 5 — μετὰ προθυμίας II, 11, 2 — μετὰ σπουδῆς III, 4, 1 — μετὰ τέχνης II, 14, 4. —
b) μετὰ πάσης ἀκριβείας I, 1, 3 — μετὰ πάσης ἀνδρείας I, 5, 6 — μετὰ πάσης ἐπείξεως VIII, 6, 5 — μετὰ πάσης ἐπιμελείας I, 2, 1 — VI, 8, 2 — μετὰ πάσης εὐκοσμίας I, 9, 3 — μετὰ πάσης προθυμίας V, 4, 5 — μετὰ πάσης ὠμότητος VII, 4, 2 — μεθ' ὕβρεως πάσης IV, 6, 1 ist vielleicht umzustellen μετὰ πάσης ὕβρεως.
c) μετὰ πάσης ὀργῆς τε καὶ ἀπειλῆς I, 10, 3 — μετὰ πάσης εὐφημίας τε καὶ παραπομπῆς I, 13, 7 — μετὰ πάσης τιμῆς <τε möchte ich einfügen> καὶ εὐφημίας III, 8, 3 — μετὰ πάσης εὐκοσμίας τε καὶ εὐταξίας VIII, 8, 1 — μετὰ πάσης αἰσχύνης <τε> καὶ ὕβρεως VIII, 8, 6.
d) μετὰ πολλῆς ἐπιμελείας καὶ φρουρᾶς IV, 4, 2 — μετὰ πολλῆς σπουδῆς VI, 4, 3 — VI, 7, 6 — μετὰ πολλοῦ φόβου VII, 1, 1 — μετὰ πολλῆς ἐμπειρίας VII, 11, 8 — μετὰ δέους πολλοῦ, vielleicht μετὰ πολλοῦ δέους VIII, 1, 6 — μετὰ πολλῆς προνοίας VIII, 2, 6 — μετὰ πολλῆς βίας VIII, 4, 7. —
e) μετὰ νεανικῆς σπουδῆς I, 7, 2 — μετά τε αἰσχρᾶς καὶ ἀπρεποῦς διαβολῆς II, 6, 12 — μετὰ πανουργίας ἢ δόλου II, 9, 11 — μετὰ ἀνδρείας καὶ σώφρονος διοικήσεως II, 10, 7 — μετ' ἀγαθῶν ἐλπίδων II, 13, 2 — μετὰ τοσαύτης δόξης τε καὶ ἀρετῆς III, 6, 3 — μετὰ μεγάλης εὐφημίας τε καὶ θρησκείας III, 10, 1 — μετά τινος εὐταξίας καὶ ἀνακυκλώσεως IV, 2, 9 — μετ' ἀγαθῆς τῆς ἐλπίδος IV, 14, 7 — μετ' εὐκοσμίας τε καὶ εὐταξίας VIII, 1, 4 — μετ' εὐταξίας τε καὶ κόσμου τοῦ πρέποντος VIII, 7, 5.

6. *Μετά* c. accusativo.

Die Präposition erscheint zumeist rein temporal: a) bei Personalbegriffen: μετὰ βασιλέα εὐγενέστατον II, 3, 1 — μετὰ Δαρεῖον VI, 2, 6 -- μετ' ἐκεῖνον I, 5, 5 — IV, 14, 2 — μετ' ἐκείνην V, 6, 2. — b) bei Sachbegriffen: μετὰ τὴν τῶν νεκρῶν ἀναίρεσίν τε καὶ κατάφλεξιν IV, 15, 7 — μετὰ τὴν τοῦ χειμάρρου ἀπόρροιαν III, 3, 8 — μετὰ τὴν Μάρκου ἀρχὴν VI, 1, 7 — VIII, 2, 4 — μετὰ τὸν ἐν Μεσοποταμίᾳ ξηρὸν αὐχμὸν VI, 6, 4 — μετὰ τὴν ἀπ' Ἰλίου ἐς Ἰταλίαν ἄφιξιν I, 14, 4 — μετὰ πολλὰ λουτρὰ καὶ γυμνάσια I, 17, 8 — μετὰ τὰς νίκας III, 14, 2 -- μετὰ πράξεις πολλὰς ὑπατικάς VII, 7, 4 — μετὰ τὴν Μάρκου τελευτήν I, 2, 5 — I, 15, 1 — I, 17, 12 — V, 3, 2 — VIII, 1, 1 — μετὰ ὑπατείας τιμὴν ἢ δόξαν VII, 3, 3 — μετὰ τοσαῦτα τρόπαια II, 5, 7 — μετὰ τὸν ἐκείνου φόνον IV, 2, 6 — μετ' ὀλίγον χρόνον V, 6, 1 — μετὰ τὰ ἐν Κυζίκῳ III, 2, 9. — c) in Formeln: μετ' οὐ πολύ I, 9, 7 — IV, 10, 1 — IV, 13, 3 — V, 6, 2 — VI, 9, 7 — μετὰ τοῦτο IV, 2, 6 — μετὰ ταῦτα IV, 11, 9 — VI, 1, 9. — d) die Phrase νύκτωρ καὶ μεθ' ἡμέραν findet sich I, 13, 7 — V, 4, 8 — VII, 3, 4 — VIII, 2, 5 — auch II, 12, 1 will Reiske dieselbe in die Lücke einsetzen, cf. Mendelssohn p. 66 v. 7.

e) Einen Temporalsatz vertritt μετὰ τό c. infinit.: II, 9, 5 — II, 13, 12 — III, 5, 6 — III, 7, 4 — V, 6, 9 — VI, 2, 1 — VII, 1, 7.

Zum lokalen Gebrauch von μετά gehören folgende Ausdrücke: βάκτρον ἦν αὐτῷ μετὰ χεῖρας I, 9, 3 — ῥόπαλον μετὰ χεῖρας ἔφερεν I, 14, 8 — πελέκεις φέρειν μετὰ χεῖρας II, 4, 1 — ξιφιδίῳ ὃ μετὰ χεῖρας ἔφερε IV, 13, 5 — τύμπανα μετὰ χεῖρας φέροντα V, 5, 9.

7. Ὑπέρ c. genetivo.

I. Lokal bedeutet ὑπέρ „oberhalb, über": ὑπὲρ τῆς κεφαλῆς αἰωροῦντες τὰς ἀσπίδας καὶ τὰ δόρατα II, 6, 13 — ἐκέλευσε . . . τὴν εἰκόνα ἀνατεθῆναι ὑπὲρ κεφαλῆς τοῦ ἀγάλματος τῆς Νίκης V, 5, 7 — τὰ ἀρώματα ἐν χρυσοῖς σκεύεσιν ὑπὲρ κεφαλῆς . . . . ἔφερον V, 5, 9 — einmal im Sinne von „oben auf" προύθεσαν ὑπὲρ τῶν τειχῶν ἀγοράν VIII, 6, 3.

II. Metaphorisch bedeutet es „für, zum Schutze etc." a) bei Verben: ἀγωνίζεσθαι: ὑπὲρ τοῦ Ἀντωνίνου V, 4, 6 — V, 4, 8 — δεῖσθαι: ὑπὲρ τῆς αὐτῶν σωτηρίας III, 2, 3 — κάμνειν: ὑπὲρ ἡμῶν III, 6, 3 — κινδυνεύειν: ὑπὲρ τῆς Ῥωμαίων ἀρχῆς VI, 5, 8 — ὑπὲρ αὐτοῦ VI, 5, 9 — VII, 8, 11 — μάχεσθαι: ὑπὲρ οὗ I, 13, 5 — ὑπὲρ Μακρίνου V, 4, 8 — ὑπὲρ αὐτοῦ V, 4 9 — ὑπὲρ τοῦ μὴ παρόντος V, 4, 9 — ὑπὲρ ἀνάνδρου καὶ φυγάδος V, 4, 10 — ὑπὲρ αὐτῶν VII, 2, 7 — ὑπὲρ ἄλλου καὶ τῆς παρ' ἑτέρῳ ἐσομένης εὐδαιμονίας VIII, 3, 5 — ὑπὲρ τῆς πατρίδος VIII, 3, 6 — ὑπὲρ τῆς πόλεως VIII, 3, 8 — παρατάσσεσθαι: ὑπὲρ αὐτοῦ II, 10, 5 — πορθεῖν: Ἰταλίαν ὑπὲρ τυράννου VIII, 5, 8. — b) bei Substantiven: τὰς ὑπὲρ τῆς βασιλείας θυσίας II, 3, 11 — τὸν ὑπὲρ αὐτοῦ κίνδυνον III, 4, 1 — VII, 6, 5 — τῆς ὑπὲρ τῆς πατρίδος μάχης VII, 4, 7 — τὸν ὑπὲρ τῆς Περτίνακος βασιλείας ὅρκον II, 9, 5 — πόλεμον μάταιον ὑπὲρ ἀνδρῶν τεθνηκότων VIII, 8, 7 — φιλονεικία . . ὑπὲρ παίδων καὶ συγγενῶν wechselnd mit περί IV, 14, 6.

III. Ὑπέρ τοῦ c. infin. vertritt einen Finalsatz: ὑπὲρ τοῦ καὶ τὰ βάρβαρα ἡσυχάζειν ἔθνη διὰ φροντίδος ἡμεῖς ἕξομεν VIII, 7, 6.

IV. Ὑπέρ entspricht dem lat. de bei ἀγγέλλειν: ὑπὲρ σωτηρίας III, 12, 1 — ἐρευνᾶν καὶ ἐξετάζειν: ὑπὲρ σωτηρίας τοῦ βασιλέως VII, 6, 6 — λιπαρεῖν: αὐτὸν ὑπὲρ ὁμονοίας III, 15, 4 — πεμφθῆναι: ὑπὲρ ἀσφαλείας τοῦ βασιλέως VII, 6, 6 — hierhin gehört auch das singuläre ἀμνημονεῖν ὑπέρ (cf. admonere de re): ὅτι ὑπὲρ ὧν ἐτύχετε οὐκ ἀμνημονεῖτε I, 4, 3.

V. Einmal bedeutet ὑπέρ „als Lohn für" ὑπισχνεῖται αὐτοῖς ὑπὲρ τῆς ἑαυτοῦ σωτηρίας καὶ μοναρχίας . . . . δραχμάς IV, 4, 7.

Die Stelle III, 4, 4 ist verderbt, cf. Mendelssohn p. 80 v. 17.

8. Ὑπέρ c. accusativo.

Die Präposition erscheint einmal rein lokal: „über-hinaus" ὑπὲρ γαστέρα τοῦ ἵππου βρεχομένου VII, 2, 6 und zweimal metaphorisch: τούτων ὑπὲρ πᾶσαν εὐχὴν προχωρησάντων III, 9, 12 und (im Sinne von „mehr als") τὰ τῆς ψυχῆς αὐτοῦ ἔρρωτο ὑπὲρ πάντα νεανίαν III, 14, 2.

§ 6. Die Präpositionen mit drei Casus.

1. Ἀμφί.

Diese Präposition findet sich bei Herodian gar nicht.

2. Ἐπί c. genetivo.

I. Lokal a) zur Bezeichnung der Ruhe, des Sichbefindens auf, an oder über einem Orte: α) bei Verben: ἀναπαύεσθαι ἐπί τινος σκιμποδίου VII, 5, 3 — διατρίβειν ἐπὶ τῆς Ῥώμης

IV, 9, 2 — *θύειν ἐπὶ τῶν μεθορίων βωμῶν* VII, 12, 8 — *ἱδρῦσθαι ἐπὶ τῶν τειχῶν* VIII, 2, 5 — *ἵστασθαι ἐπὶ τῆς ἀγορᾶς μέσης* II, 9, 6 — *ἐπ' ὀχυροῦ βήματος* III, 14, 5 — *καθῆσθαι ἐπὶ τοῦ βασιλείου θρόνου* I, 8, 4 — *καθίζεσθαι ἐπὶ τοῦ βασιλείου θρόνου* II, 3, 3 — *καθιστάναι ἐπὶ τῶν πύργων* II, 5, 9 — *κεῖσθαι ἐπὶ σκίμποδος* I, 17, 4 — *κομίζεσθαι ἐπὶ νεώς* I, 11, 3 — *μένειν ἐπὶ τῆς βασιλείου αὐλῆς* IV, 4, 4 — *ἐπὶ σχήματος* = in einer ‹Körper‑›lage verharren II, 1, 6 — *ὀπτᾶν ἐπ' ἀνθράκων* IV, 7, 5 — *ᾑέρειν ἐπὶ τῶν νώτων* II, 11, 9 (wofür II, 9, 6 *ἐπί* c. dat. und IV, 8, 2 *ἐπί* c. acc.). — *β*) unabhängig *ἐπ' ἄκρας ὑψηλοτάτης ὄρους* III, 9, 4 — *ἐπὶ μεγίστης κλίνης* IV, 2, 2 — *ἐπὶ τοῦ λόφου* III, 4, 3 — *ἐπὶ θατέρου μέρους* IV, 2, 5 — *ἐπὶ τῆς σκηνῆς* I, 9, 3. — b) Zur Bezeichnung der unmittelbaren Nähe *αἰγιαλὸς ἐπὶ θαλάσσης μέγιστος* III, 4, 2; hierhin gehört auch *πόλιν τῶν ἐπὶ Θρᾴκης μεγίστην* III, 1, 5 (cf. Hermann ad Vig.⁴ p. 857 not. 394). — c) Zur Bezeichnung der Bewegung und Richtung *τίθησιν ἐπὶ τοῦ σκίμποδος* I, 17, 3 — *πληγῆς ἐπὶ τῆς κατακλεῖδος γενομένης* IV, 13, 5 — *ἀράμενοι ἐπὶ τῶν νώτων* VII, 10, 8 — *ἐρριμμένα ἐπὶ τῆς λεωφόρου* VIII, 8, 7 — auch *τὴν ἐπὶ Γαλατίας* (sc. ὁδόν) III, 2, 6 (wofür III, 2, 2 *ἐπί* c. acc.) —.

d) Zum lokalen Gebrauch gehören auch die periphrastischen Ausdrücke *εἴ τι ἐπὶ τῆς ἀλλοδαπῆς* VIII, 7, 6 — *τὰ ἐπὶ τῆς ἀνατολῆς* III, 5, 1 — *τὰ ἐπὶ γῆς* I, 5, 6 — *τὰ ἐπὶ Ῥώμης* I, 9, 8 sowie *οἱ ἐπὶ τοῦ ἐρύματος φύλακες* III, 3, 8.

II. Temporal steht *ἐπί* nur: *ἐπ' ἄλλων* (sc. χρόνων) I, 17, 9 — *ἐπ' αὐτοῦ* III, 8, 10 — *ἐπὶ τῆς δημοκρατίας* II, 9, 6 — *ἐπ' ἐκείνου* II, 6, 10 — *ἐπὶ τῆς τυραννίδος* II, 4, 7 — II, 5, 1.

III. Metaphorisch, aber doch so, dass die lokale Grundbedeutung noch erkennbar ist, haben wir den präpositionalen Ausdruck zur Bezeichnung eines Amtes oder einer Stellung: *οἱ ἐπὶ τῆς αὐλῆς οἰκέται* I, 6, 1 woran sich *οἱ ἐπ' ἀξιώσεως* II, 2, 3 anschliesst, worin freilich die lokale Grundbedeutung verloren gegangen ist. Aus diesem metaphorischen Gebrauch lassen sich sonst nur noch zwei Stellen anführen: *μένειν ἐπὶ εὐνοίας* (treu bleiben) III, 2, 5 und *φέρειν ἐπὶ γνώμης* (im Sinne haben) II, 9, 13 (— wozu *διὰ γλώσσης προΐεσθαι* ebenda das Gegenteil ist).

IV. Adverbial sind die beiden Ausdrücke: *ἐπ' ἀσφαλοῦς* sicher III, 14, 5 und *ἐπὶ σχολῆς* mit Musse I, 15, 6.

3. *Ἐπί* c. dativo.

I. Lokal 1. zur Bezeichnung des Verweilens a) bei Sachbegriffen (an, bei, auf) *α*) in Verbindung mit Verben: *αἱρεῖσθαι ἐπὶ τοῖς νώτοις* II, 9, 6 — *γενέσθαι ἐπὶ ταῖς ὄχθαις τοῦ Ἴστρου* IV, 7, 2 — *ἐπικεῖσθαι ἐπὶ ταῖς ὄχθαις* VI, 7, 2 — *ἱδρῦσθαι ἐπὶ ταῖς ὄχθαις* und *ἐπὶ τοῖς ὅροις* II, 2, 8 (cf. c. gen. VIII, 2, 5) — *ἱδρῦσαι στρατόπεδον ἐπὶ τῇ Βυζαντίῃ* IV, 3, 6 — *κεῖσθαι ἐπὶ τῷ στενοτάτῳ* τ. Π. *πορθμῷ* III, 1, 5 — *μένειν ἐπὶ τῇ ὄχθῃ* VIII, 4, 4 — (auch bildlich-lokal *μένειν ἐπὶ ἡσυχίᾳ* I, 13, 2) — *ἱδρῦσθαι ἐπὶ τῷ ποταμῷ Γάλλῳ παραρρέοντι* I, 2, 8 — *προκεῖσθαι ἐπὶ θαλάσσῃ* VIII, 2, 3 — *ἐπὶ πεδίῳ* VIII, 1, 4 — *β*) in Verbindung mit Substantiven: *τὴν ἐπὶ ταῖς ὄχθαις τοῦ Ἴστρου ὥραν* I, 6, 1 — *τὰ ἐπὶ ταῖς ὄχθαις στρατόπεδα* VII, 8, 4 — *γ*) unabhängig: *ἐπί τε ὄχθαις ποταμῶν καὶ λιμέσι πόλεων* II, 4, 7 — *ἐπὶ ταῖς τῆς πόλεως εἰσόδοις* II, 14, 2 — *ἐπὶ ταῖς εἰσόδοις* IV, 1, 4 — *ἐπ' ἐκείνῃ* IV, 2, 7 — *ἐπί τινι ἕλει* VII, 2, 6 — *ἐπὶ τῷ ἄκρῳ βελῶν* VIII, 4, 11. —

b) Bei Personen: *εἵποντο* . . . . *ἐπὶ τούτοις* I, 17, 2 — *τῆς ἐπ' αὐτῷ ἐσθῆτος* III, 12, 10.

c) Local-instrumental: *φεύγειν ἢ ἐπὶ τῇ αὐλείῃ ἢ ἐπὶ ταῖς λοιπαῖς εἰσόδοις* II, 5, 3.

2. Zur Bezeichnung einer Bewegung oder Richtung, bes. in feindlicher Beziehung: *δύναμιν ἀθροΐζειν ἐπί τινι* I, 9, 4 — *βοηθύνειν ἐπί τινι* II, 1, 7.

II. Metaphorisch a) zur Bezeichnung des Grundes *α*) bei den Verben der Affekte: *ἀγανακτεῖν: ἐπὶ τοῖς τετολμημένοις* II, 9, 9 — *ἐφ' οἷς ἐτόλμησαν* II, 10, 2 — *ἐπὶ τῇ ἀποστάσει αὐτῶν καὶ ὕβρει* III, 3, 4 — *ἐφ' οἷς* V, 8, 7 — *ἐπὶ τούτῳ* V, 8, 8 — *ἀλγεῖν: ἐπὶ τῇ τοῦ ἀδελφοῦ* ἀναιρέσει IV, 13, 2 — ἐπί . . . ἀποβολῇ IV, 14, 4 — ἐπὶ τῇ ἐκείνου ἀναιρέσει VII, 1, 4 — ἐπὶ τῇ Ἀλεξάνδρου τελευτῇ VII, 1, 9 — ἐφ᾽ οἷς VII, 4, 3 — ἀποκαρτερεῖν: ἐπὶ ταῖς συμφοραῖς IV, 13, 8 — ἄχθεσθαι: ἐφ᾽ οἷς . . I, 4, 2 — ἀσχάλλειν ἐπὶ τοῖς παροῦσι II, 5, 1 — ἐπὶ τῷ τοιούτῳ βίῳ τῶν παίδων καὶ τῇ . . . . σπουδῇ III, 14, 1 — ἐφ᾽ οἷς V, 7, 5 — δακρύειν: ἐπὶ τῷ τοῦ παιδὸς φόνῳ IV, 6, 3 — δυσφορεῖν: ἐπὶ τῷ μή . . . . προκεχωρηκέναι III, 9, 7 — δυσχεραίνειν: ἐπὶ τῇ τοῦ Κομόδου τελευτῇ II. 5. 7 — ἐκτεῖν ἐφ᾽ οἷς ἐσφάλλετο II, 10. 3 — εὐφραίνεσθαι ἐπὶ τούτοις II, 8, 7 — ἥδεσθαι ἐπὶ τῷ ἔργῳ VII, 1, 11 — ἐπὶ τῇ . . . φυγῇ VIII, 1, 5 — λυπεῖσθαι ἐφ᾽ οἷς VI, 6, 4 — μεταγιγνώσκειν ἐπὶ τῷ ἀνόπλους ἐλθεῖν II, 13, 11 — ὀργίζεσθαι ἐπ᾽ εὐλόγοις αἰτίαις VII, 10, 1. — β) bei den Substantiven der Affekte: τὴν ἐπὶ τοῖς καταλαβοῦσιν ἀλγηδόνα I, 5, 3 — μετάνοιαν ἐπὶ τοῖς πεπραγμένοις III, 6. 1.

b) Zur Bezeichnung des objektiven Grundes a) bei Verben und verbalen Ausdrücken: αἰτιᾶσθαι: ἐφ᾽ οἷς ὑβρίζετο VI, 1, 9 — ἁλίσκεσθαι: ἐπὶ στάσεσι καὶ πολλοῖς ἁμαρτήμασιν III, 10, 6 — ἀναιρεῖσθαι: ἐπὶ βραχυτάταις ἢ οὐχ ὑφεστώσαις αἰτίαις IV, 6, 2 — διαβάλλειν: ἐφ᾽ οἱαισδή ποτε ὑποψίαις I, 8, 8 — ἐπὶ συνουσίᾳ αὐτοῦ I, 17, 6 — ἐπὶ βίῳ μὴ σώφρονι II, 6, 6 — ἐπὶ φαύλῳ βίῳ VI, 1, 5 — ἑορτάζειν: ἐπὶ τῇ Ἀντωνίνου ἀπαλλαγῇ V, 2, 1 — ἐπαινεῖσθαι: ἐπὶ παιδείᾳ IV, 3, 3 — εὐδοκιμεῖν: ἐπ᾽ αἰσχρῷ τινι V, 7, 7 — ἐφ᾽ οἷς ἁμαρτήμασιν VI, 1, 3 θριαμβεύειν: ἐφ᾽ ᾗ III, 9, 1 — καθείργεσθαι: ἐφ᾽ οἱαισδή αἰτίαις I, 10, 2 — σκώπτειν: ἐπ᾽ αἰσχρᾷς τε καὶ ἀμφιβόλοις ἡδοναῖς II, 7, 2 — τιμωρεῖσθαι: ἐπὶ τοῖς τετολμημένοις VI, 7, 10 — τὴν ἐφ᾽ οἷς ἔδρασαν τιμωρίαν ὑποδέχεσθαι V, 4, 6 — τιμωρίαν εἰσπράττειν ἐφ᾽ οἷς VII, 9, 11 — χάριν γιγνώσκειν ἐπὶ τῇ σπουδῇ καὶ ταῖς ὑποσχέσεσιν II, 8, 8 — χάριν εἰδέναι ἐφ᾽ οἷς ἐτιμᾶτο VI, 1, 9. — β) bei Adjektiven: ἐπὶ τηλικούτοις ἁμαρτήμασί τε καὶ τολμήμασι μυρίων ἄξιοι θανάτων II, 13, 7 — τοὺς ἐπὶ λόγοις δοκιμωτάτους I, 2, 1 — τοῖς ἐπὶ λόγοις εὐδοκιμωτάτοις VI, 1, 4. — γ) in freier Weise: τῷ δήμῳ προύθηκεν ἐπὶ ταῖς νίκαις μεγίστας νομάς III, 8, 4 und ebenso ἐπὶ τῇ τῆς βασιλείας διαδοχῇ V, 5, 8 — ἐπὶ ταύταις ταῖς συνθήκαις III, 12, 1 — ἐφ᾽ ἑτέραις ἐλπίσιν = weil er sich die Sache anders dachte III, 12, 9 — ἐπὶ προφάσει διοικήσεως VII, 1, 3 — ἐπὶ προφάσει τῆς . . . χορηγίας VII, 3, 3 — δόξαν ἐπὶ τροπαίοις προσγενομένῃ VII, 3, 3 — endlich ἐφ᾽ οἷς VII, 5, 6.

c) Zur Bezeichnung einer Thätigkeit oder eines Zustandes: ἤδη γοῦν τινας καὶ λαβὼν ἐπὶ τοιαύταις ὑπηρεσίαις ὁ Σεβῆρος ἐκόλασεν III, 13, 6.

d) Instrumentales ἐπί: ἐπὶ ταῖς τυχούσαις ἀφορμαῖς ῥᾷστα κινεῖσθαι I, 3, 5 — ἐπὶ τοῖς βραχυτάτοις ῥᾷστα κινεῖσθαι IV, 8, 7 — εἰδὼς τὸν θυμὸν καὶ τὸ φυσικὸν ἐπὶ τοιοῖσδε γράμμασι IV, 12, 8 — (πόλεμος) ἐφ᾽ ᾧ πᾶσα Ῥωμαίων ἐσάλευεν ἀρχή V, 1, 4 — (βλασφημίας) ἐφ᾽ αἷς κινούμενος VIII, 5, 2.

e) Finales ἐπί a) bei Verben: ἀφικνεῖσθαι ἐπ᾽ ὀλέθρῳ VIII, 8, 5 — ἥκειν ἐπὶ φόνῳ II, 1, 6. — β) bei dem Substantivum ἄφιξις: οὐ γὰρ ἐπ᾽ ὀλέθρῳ τῇ σῇ ἥδε ἡμῶν ἡ ἄφιξις ἀλλ᾽ ἐπὶ σωτηρίᾳ κτλ. II, 1, 8. Dagegen ist ἐπ᾽ ὀλέθρῳ τῶν δικαζομένων IV, 4, 1 consecutiv zu fassen.

f) Zur Bezeichnung a) der Bedingung. unter der etwas geschieht oder β) eines Preises: a) μισθοφόρους ἐπὶ ῥητοῖς σιτηρεσίοις στρατιώτας καταστησάμενος II, 11, 5 — β) ἐπὶ συντάξεσιν οὐκ εὐκαταφρονήτοις καλεῖν I, 2, 1 — ἡδονὰς ἐπὶ μεγίστοις μισθοῖς θηρᾶσθαι I, 3, 2 — ἐπὶ μεγάλαις συντάξεσι ἐς φιλίαν παρελθεῖν I, 6, 8 — ἐπὶ χρήμασι κηρυχθεῖσα καὶ πραθεῖσα ἀρχή II, 6, 14 — (τὴν ἀρχήν) ἐπ᾽ ἀργυρίῳ καταλλάσσεσθαι II, 13, 6.

Zum Schluss des metaphorischen Gebrauches ἐπί sei noch erwähnt ὅσον ἐπ᾽ αὐτῷ so viel an ihm lag VI, 2, 1.

III. Temporal steht ἐπί nur in wenig Fällen: ἐπὶ τῇ πομπῇ während der Prozession II, 6, 13 — ἐπὶ ταῖς ἐξόδοις beim Auszug VI, 4, 2 und zwei singuläre Stellen: ἐπὶ παισὶ νεανίαις διαδόχοις ἀνεπαύσατο III, 15, 3 — τοὺς ἐπὶ διαδόχοις παισὶ τελευτήσαντας IV, 2, 1 in dem Sinne „relictis liberis obire" (cf. Vig.⁴ p. 623 c. not. 397 Herm.).

Die einzige noch restierende Stelle, in der sich unsere Präposition findet: τὴν ἐπ'
Ἀλεξάνδρῳ κτισθεῖσαν πόλιν IV, 8, 6 ist augenscheinlich verderbt; entweder ist entsprechend der
Übersetzung des Politianus „urbis ab Alexandro constructae" ἐπ' Ἀλεξάνδρῳ in ὑπ' Ἀλεξάνδρου
zu ändern oder aber es ist, wie ich vermute, κληθεῖσαν statt κτισθεῖσαν zu schreiben und der
Sinn der: „die Alexander zu Ehren genannte Stadt", für welchen nicht eben seltenen Gebrauch
von ἐπί ausser den von Krebs p. 88 citierten Stellen z. B. auch Xen. hell. II, 2, 5 angeführt
werden kann.

4. Ἐπί c. accusativo.

I. Rein lokal a) die Bewegung nach einem Ort hin bezeichnend 1. bei intransitiven
Verben: ἀνέρχεσθαι I, 5, 2 — II, 3, 4 — II, 13, 4 — III, 8, 6 — V, 4, 3 — VI, 3, 2 — VII,
8, 3 — ἀπιέναι II, 2, 2 — διαβαίνειν III, 2, 1 — ἐπείγεσθαι II, 2, 2 — II, 14, 5 — III, 2, 6
— III, 2, 10 — III, 3, 8 — III, 9, 2 — VIII, 1, 5 — VIII, 4, 5 — ἐπιέναι VII, 5, 2 —
ἥκειν IV, 8, 4 — κατέρχεσθαι II, 3, 2 — VII, 9, 3 — προέρχεσθαι II, 2, 1 — σπεύδειν II, 8, 9
— III, 3, 5 — στέλλεσθαι IV, 8, 6 — στρατεύειν III, 9, 1 — συνϑεῖν II, 2, 4 — τρέχειν II,
6, 7 — φεύγειν III, 2, 6 — III, 4, 5 — χωρεῖν VIII, 4, 6 — VIII, 2, 5 —, einmal auch
ἔρχεσθαι mit sächlichem Subjekt: ἐπ' ἄλλο μέρος ἦλθε τὸ ἀκόντιον τοῦ σώματος I, 15, 4 — und
διήκειν II, 11, 8. — 2. bei transitiven Verben: ἀναβιβάζειν II, 6, 9 — ἀνάγειν II, 6, 4 —
ἀπάγειν VIII, 8, 6 — ἐξάγειν VI, 8, 8 — κατάγειν V, 6, 6. — 3. bei Substantiven: τῆς ἐπ'
Ἰταλίαν εἰσβολῆς VII, 12, 8 — τὴν ἐπ' Ἰταλίαν ἔξοδον VII, 8, 9 — τὴν ἐπὶ Κύζικον (sc. ὁδόν)
III, 2, 2 — τὴν ἐπὶ Ῥώμην ὁδόν VIII, 4, 8 — τῆς ἐπ' Ἰταλίαν ὁδοῦ VII, 8, 11.

b) Zur Bezeichnung einer feindlichen Bewegung, meist gegen Personen, 1. bei Verben:
ἀνιέναι V, 6, 9 — διαβαίνειν VII, 1, 5 — VII, 1, 7 — ἐπείγεσθαι II, 15, 5 — III, 4, 4 —
III, 14, 9 — ἰέναι III, 2, 7 — ὁρμᾶν III, 5, 1 — ἄγειν (trans.) III, 1, 1 — ferner ἀθροίζεσθαι
I, 10, 3 — III, 14, 4 (doch auch mit ἐπί c. dat.) — ἀναπέμπεσθαι II, 12, 7 — ὁπλίζειν I, 13, 3
— ὅπλα αἴρειν VII, 8, 4 — ὅπλα λαμβάνειν I, 15, 7 — σκευάζεσθαι III, 6, 3. — 2. bei
Substantiven: ἔξοδος III, 1, 1 — ὁδός III, 6, 8.

c) Zur Bezeichnung des Sicherstreckens über etwas hin: διώκειν ἐπὶ πολὺ τῆς πόλεως
VII, 12, 4 — ἐπὶ πλεῖστον αὐτὸν ἐξαγαγόντος τοῦ ῥεύματος III, 9, 9 — ἐπὶ πολὺ τῆς Παρθυαίων
γῆς ἐλάσας IV, 11, 8 — ἐπὶ πολὺ προυχώρησε VII, 2, 4.

d) Einzeln noch: καυσίαν ἐπὶ τὴν κεφαλὴν φέρων IV, 8, 2 und ἐπὶ θάτερα
III, 2 — III, 8, 6.

II. Bildlich-lokal: ἀναβαίνειν ἐπὶ τοῦτο (sc. ἀρχῆς σεμνὸν μυστήριον) VIII, 7, 4 —
ἔρχεσθαι ἐπὶ τοῦτο II, 3, 1 — V, 1, 7 — V, 1, 8 — VII, 5, 2 — ἐπὶ τὴν ἀρχὴν VIII, 8, 8 —
μετέρχεσθαι ἐπὶ τὰ δημόσια VII, 3, 5 — ἄγειν, ἄγεσθαι, ἐπὶ τοῦτο I, 4, 5 — V, 1, 5 — ἐπὶ
τέλος II, 10, 2 — ἐπὶ τὴν ἀρχήν VII, 1, 9 — ἀναφέρειν τὸ γένος ἐπὶ Τραϊανὸν πρόπαππον
I, 7, 4 — μετάγειν ἐπὶ τὰς μεγίστας τῶν βασιλικῶν πράξεων V, 7, 6 — ἐπὶ τὸ σωφρονέστερον καὶ
σεμνότερον VI, 1, 1 — ἐπὶ χειραγωγεῖν ἐπὶ τὴν Ῥωμαίων ἀρχήν VII, 1, 2 — woran sich reiht:
ποιησάμενος αὐτὸν ἐπ' ἐξουσίας I, 9, 1.

III. Temporal findet sich ἐπί: „über eine Zeit hin" in folgenden Fällen: ἐπὶ πολύ
I, 11, 2 — I, 11, 4 — I, 15, 6 — III, 4, 5 — III, 14, 3 — III, 15, 2 — V, 4, 9 — V, 8, 9
— VI, 1, 4 — ἐπὶ πλέον VIII, 6, 3 — VIII, 8, 6 — ἐπὶ πλεῖστον I, 12, 2 — III, 7, 2 — VI,
2, 7 — ἐπὶ πλεῖστον αἰῶνα I, 6, 5 — ἐπὶ πλεῖστον τῆς ἡμέρας IV, 2, 3 — VI, 1, 6 — ἐπ'
ὀλίγον I, 17, 10 — III, 6, 6.

IV. Final steht ἐπί im Sinne von „um zu" a) bei Verben: ἐκπέμπειν ἐπὶ (τὸν) φόνον
III, 11, 9 bis — καλεῖσθαι ἐπὶ τὴν ἀρχὴν II, 9, 7 — κατέρχεσθαι ἐπὶ τὴν ἀκρόασιν I, 9, 3 —
ὁπλίζεσθαι ὡς δὴ ἐπὶ τὰ συνήθη γυμνάσια VI, 8, 5 — πέμπεσθαι ἐπί τινα σπουδαῖα V, 4, 8 —

ἐπὶ τοῦτο VII, 6, 6 — προέρχεσθαι ἐπὶ τὰς θυσίας I, 16, 5 — ἐπὶ τὰ συνήθη λουτρά τε καί κραιπάλας I, 17, 4. — b) bei Adjektiven: ἐπιτήδειος ἐπὶ τὸ . . . . ἀποακῶψαι II, 10, 7. — c) unabhängig: ἐπ᾽ αὐτό = ut id faciant VI, 7, 7.

5. Παρά c. genetivo.

Die Präposition steht 1. bei passiven Verben: παρ᾽ ἄλλου δοθέντα V, 1, 5 — τῆς παρ᾽ ὑμῶν μεμερισμένης τιμῆς III, 6, 4 — παρ᾽ αὐτοῦ πεμφθῆναι VII, 6, 6. 2. Bei den Verben des „Botschaftbringens": ἀγγελίας . . . παρ᾽ ἐμοῦ φέρων III, 11, 7 — φέρουσι γράμματα παρὰ Μαξιμίνου VII, 6, 6. 3. Bei den Verben des Empfangens und Erlangens: πίστιν καὶ εὔνοιαν παρὰ τῶν ἀρχομένων ἐβεβαίωσεν I, 6, 6 — ἀμοιβῆς τεύξεσθαι παρὰ τοῦ βασιλέως I, 9, 5 — πάσης τιμῆς . . παρ᾽ αὐτῶν τυχών II, 3, 11 — παρὰ τῶν στρατιωτῶν εὔνοιαν ἐπιστώσατο II, 11, 2 — τούτου παρ᾽ ἐμοῦ τυχών III, 6, 5 — εὔνοιαν παρὰ τῶν στρατιωτῶν ἐκτήσατο VI, 8, 2 — εὔνοιαν ἑαυτῷ παρά τ. στρ. μνώμενος VII, 9, 11 — πλέον ὑπάρχειν παρ᾽ ὑμῶν I, 4, 2 — τὰ παρ᾽ ἡμῶν πάντα ὑπῆρχεν αὐτῷ III, 6, 2 — τὴν προϋπάρξασαν παρ᾽ αὐτοῦ . . . τιμήν IV, 9, 5 — παρὰ τῶν θεῶν ἐλπίδες κρείττους VIII, 3, 6 — αὐτῷ περιεγένετο πρὸς μὲν τῶν οἰκείων μῖσός τε καὶ ὀργή, παρὰ δὲ τῶν ἀντιπάλων πλείων ἡ καταφρόνησις VIII, 5, 3. 4. Bei den Verben des Nehmens: συμμάχους παρ᾽ αὐτῶν λαβεῖν IV, 7, 3 — οἱ παρ᾽ ὑμῶν λαβόντες V, 1, 6 — χρήματα πάντα ἀθροίζων τά τε αὐτοῦ καὶ παρὰ τῶν φίλων II, 11, 7, auch das singuläre ὡς ἤδιον πίοι παρ᾽ ἐρωμένης I, 17, 8. 5. Bei den Verben des Erkundigens und Erfahrens: παρὰ τῶν ἀγγελλόντων πυνθανόμενος II, 9, 3 — παρὰ τῶν αὐτομόλων ἐπύθετο V, 4, 10 — ἱστορίαν παρ᾽ ἄλλου ὑποδεξάμενος I, 1, 3. 6. Bei gerichtlichen Ausdrücken: τιμωρίαν παρὰ τοῦ τὰ δεινὰ δράσαντος εἴληφώς I, 13, 5. 7. Als Vertretung des subjektiven Genetivs: τῆς τοσαύτης παρ᾽ ὑμῶν τιμῆς II, 3, 7 — τιμαί τε αἱ παρὰ τῶν ἀρχομένων III, 11, 2. 8. Als Vertretung eines Substantives: τὰ παρὰ τῆς συγκλήτου ἐδηλώθη II, 13, 1.

6. Παρά c. dativo.

I. Lokal a) in der Bedeutung: an bei: τὰ παρὰ τῷ Ἴστρῳ στρατόπεδα IV, 8, 1 — ὁ στρατὸς ἔμενε παρὰ τοῖς τείχεσιν VIII, 6, 4 nach der aldina, während die Handschriften περὶ τ. τ. bieten. — b) zur Bezeichnung einer Örtlichkeit: ἡ παρ᾽ αὐτοῖς χώρα VIII, 2, 3 (cf. Krebs p. 53). — c) <dem gewöhnlichen Gebrauch entsprechend> bei Personen, zuweilen auch bildlich-lokal: παρ᾽ αὐτοῖς γεννηθέντα τε καὶ τραφέντα I, 7, 4 — παρ᾽ αὐτῷ κρυπτόμενον I, 16, 1 — τοσαύτης παρ᾽ ὑμῖν εὐγενείας II, 3, 5 — ἡ ἀρχὴ παρὰ μηδενὶ βεβαίως ἱδρυμένη II, 8, 4 — ὄνομα ἄσημον παρ᾽ αὐτοῖς ὑπάρχον II, 10, 8 — στρατιωτῶν παρ᾽ αὐτοῖς γενομένων III, 4, 9 — εἰ γένοιτο παρ᾽ αὐτῷ III, 5, 4 — παρ᾽ ἡμῖν προϋπάρχουσαν ἀρχήν III, 6, 4 — ἑκάτερος παρ᾽ ἑαυτῷ τὸ μέρος θαπτέτω IV, 8, 8 — ἐπῆλθέ μοι παρὰ τῇ μητρὶ ὄντι IV, 5, 4 — δακρύειν παρὰ τῇ μητρὶ αὐτοῦ IV, 6, 3 — τὰ παρ᾽ ἐκείνοις φυόμενα ἀρώματα und <τὰ> παρὰ Ῥωμαίοις μεταλλευόμενα IV, 10, 4 — εἶναι παρὰ Ῥωμαίοις εὐπατρίδας πολλούς — παρά τε αὐτῇ Ἀρσακίδας IV, 10, 5 — ἄγαλμα ὥσπερ παρ᾽ Ἕλλησιν ἢ Ῥωμαίοις οὐδὲν ἔστηκεν χειροποίητον V, 3, 5 — ἐτεθρύλητο παρὰ πᾶσι καὶ διεβέβλητο VII, 1, 2 — λίθων παρ᾽ αὐτοῖς ἢ πλίνθων ὀπτῶν σπάνις VII, 2, 4 — νεανίσκους τινὰς ἥτοι παρ᾽ ἐκείνοις εὖ γεγονότων VII, 4, 3 — ὧν οἷς οὐδὲν πλὴν δορατίων VII, 8, 5 — ἐνὶ οὔσα ἡ ἐξουσία VII, 8, 5 — τῆς παρ᾽ ἑτέρῳ ἐσομένης εὐδαιμονίας VIII, 3, 5 — ὥσπερ παρ᾽ αὐτοῖς VIII, 3, 5; einmal hat παρ᾽ ἑτέροις I, 11, 2 den Sinn „in libris aliorum".

II. Übertragen im Sinne „nach dem Urteil, in den Augen von" (Lutz, a. a. O. p. 147) bei den Verben: χάριν ἔχειν ἐπαινεῖσθαι εὐδοκιμεῖν u. ä.: ἀνδρείας καὶ εὐποχίας παρὰ τοῖς δημιώδεσιν εἶχέ τινα χάριν I, 15, 7 — τῆς τοιαύτης πολυτελείας παρὰ τοῖς Ῥωμαίων στρατιώταις οὐκ ἐπαινουμένης V, 2, 4 — εὐδοκιμεῖν παρὰ τῷ Μαξιμίνῳ VII, 4, 2 — ἐν ὑπολήψει παρὰ τοῖς ὄχλοις φρενῶντε [καὶ] ἀγχινοίας VII, 10, 4 — παρ' οἷς . . . . . ἀρχοῦσι ῥαβδοῦχοι VII, 8, 5 — hierhin gehört auch das Substantivum γνῶσις: θαρρῶν [ἥ] πλοίτῳ καὶ γένει δυνάμει τε στρατοῦ γνώσει τι τῇ παρὰ Ῥωμαίοις II, 15, 2, was Mendelssohn p. 72 ganz tilgen möchte.

III. Der präpositionale Ausdruck dient zur Bezeichnung der Person, von der eine Empfindung ausgeht: τὸ Μαξιμίνου παρὰ πᾶσι μῖσος VII, 5, 5.

IV. Mit letzterer Stelle gehören diejenigen Fälle eng zusammen, in denen παρά zur Umschreibung eines Genetivs oder eines Personalpronomens dient: πάντα ὅσα παρ' ἑκάστοις πλούτου σύμβολα κειμηλιά τε βασιλέων ὕλης τε ἢ τέχνης θαύματα I, 10, 5 — διὰ τὴν παρ' Ἑλλήνων τισὶν ἀγνωσίαν I, 11, 1 — πλέον ἦν παρ' αὐτοῖς τοῖ δικαίου τὸ φιλόνεικον IV, 4, 1 — τῆς παρὰ Ῥωμαίοις πολιτείας κοινωνίαν VIII, 2, 4.

7. *Παρά* c. accusativo.

Rein lokal (entlang) findet sich die Präposition bei Herodian nie; bildlich-lokal können etwa zwei Stellen aufgefasst werden: παρὰ τοσοῦτον Μακρῖνος οὐκ ἐξέφυγε τοὺς διώκοντας V, 4, 12 — und τὰ Ἰλλυρικὰ ἔθνη παρὰ τοσοῦτον ὁμόρους καὶ γείτονας ποιεῖ Γερμανοὺς Ἰταλιώταις VI, 7, 4, worin der präpositionale Ausdruck, allerdings von der Grundbedeutung ausgehend, den Sinn von „beinahe" angenommen hat, cf. Vig. p. 648.

Temporales παρά haben wir an folgenden Stellen: παρὰ πάντα τὸν ἐμαυτοῦ βίον I, 2, 5 — διηγγέλη τὸ στρατιωτικὸν κήρυγμα παρὰ μέθην καὶ κραιπάλην II, 6, 6 — παρὰ πᾶσαν τὴν ὁδόν = „inter eundum" (Polit.) II, 6, 7 — παρὰ πάντα τὸν ἐνιαυτὸν II, 7, 9 — ὡς μὴ παρ' αὐτὰ κολασθείη ne continuo puniretur III, 11, 8, cf. Hermann ad Vig. p. 859. — παρὰ πάντα τὸν τῆς ἀδελφῆς βίον . . . . . παρ' ὃν Σεβῆρός τε καὶ Ἀντωνῖνος ἐβασίλευσαν V, 3, 2.

Ein numerisches Verhältnis liegt vor in παρὰ τοῦτο ἀπολόμενοι παρ' ὅσον πλήθει ἐλάττους εὑρέθησαν VI, 6, 5 (Vig. p. 649). Metaphorisch steht παρά a) bei den Substantiven νόμοι und ὅρκοι = wider oder entgegen: παρά τε τοὺς Μακεδόνων καὶ Ἑλλήνων νόμους I, 3, 3 — ἀδίκως καὶ παρὰ τοὺς ὅρκους IV, 14, 6. — b) bei γνώμη ἐλπίς und προςδοκία: παρὰ γνώμην I, 13, 5 — II, 6, 12 — VI, 3, 1 — τὴν παρ' ἐλπίδα κομισθεῖσαν ἀγγελίαν VI, 2, 3 — ταῖς παρ' ἐλπίδας εὐπραγίαις VI, 2, 5 — ὡς παρ' ἐλπίδα λεχθέντι VI, 3, 3 — τούτων παρ' ἐλπίδα ἀγγελθέντων VIII, 6, 7 — παρὰ προςδοκίαν VI, 8, 4.

8. *Περί* c. genetivo.

In Verbindung mit Verben bezeichnet der präpositionale Ausdruck den Gegenstand oder die Person, um die sich die Thätigkeit des Verbs dreht; es finden sich folgende Verba: ἀνακοινοῦσθαι: περὶ ἐπιθέσεως τῆς ἀρχῆς I, 8, 4 — ἀποδύρεσθαι: περὶ τῆς προεδρίας ibidem — ἀπαγγέλλειν: περὶ τῶν λοιπῶν IV, 12, 8 — βουλεύεσθαι: περὶ βασιλείας I, 10, 3 — περὶ τῆς . . ἀφόδου II, 10, 6 — διαλέγεσθαι περὶ τῆς ἀρχῆς II, 9, 7 — περὶ εἰρήνης III, 14, 4 — VI, 7, 9 — περὶ εἰρήνης καὶ φιλίας VI, 4, 4 — περὶ τῆς ἀποδόσεως VII, 4, 6 — διαφέρεσθαι περὶ τούτων VIII, 8, 6 — διδάσκειν περὶ τῆς Ἀντωνίνου ἀναιρέσεως IV, 15, 8 — εἰδέναι περὶ τοῦ Μαξιμίνου VII, 2, 2 — εἰδέναι περὶ ἀνδρείας I, 17, 12 — ἱκετεύειν περὶ εἰρήνης VII, 8, 4 — ἱστορεῖν τῆς Πεσινουντίας θεοῦ περὶ I, 11, 5, von Mendelssohn zugefügt — κοινοῦσθαι περὶ τοῦ πρακτέου VII, 8, 1, cf. συμβούλοις τε ὑμῖν καὶ κοινωνοῖς χρησόμενος περὶ τῶν καθεστώτων II, 8, 3 — μανθάνειν περὶ τοῦ τέλους IV, 12, 4 — σκέπτεσθαι περὶ τῶν ἐκείνῳ διαφερόντων 1, 17, 7 — περὶ τῶν πρακτέων II, 12, 5 und VII, 10, 2 — περὶ τῶν καθεστώτων VII, 11, 1 — συσκέπτεσθαι περὶ ὧν ἐκέλευσεν I, 17, 7 — φιλονεικεῖν περὶ δευτερείων VII, 6, 1. Analog bei Substantiven: ἦν αὐτῷ δέος ... καὶ περὶ αὐτῆς Ἰταλίας VI, 7, 4 — πόλεμον γενέσθαι λέγουσιν οἳ μὲν περὶ ὅρων οἳ δὲ περὶ τῆς Γανυμήδους ἁρπαγῆς I, 11, 2 — οὐ γὰρ περὶ ὅρων γῆς οὐδὲ ῥεἰθρων ποταμῶν ἡ φιλονεικία, περὶ τοῦ παντὸς δὲ IV, 14, 6. Umschreibend für den einfachen Genetiv sind die beiden Phrasen mit φήμη und μνήμη: ἔδοξε αὐτοῖς περὶ τοῦ θανάτου φρήμην ἐγκαταπλέτεαι II, 1, 3 — φήμητε περὶ αὐτοῦ διεφοίτα II, 7, 5 — τὰ χρηστὰ ἅμα τῇ ἀπολαύσει καὶ τὴν περὶ αὐτῶν μνήμην συναναλίσκει II, 3, 7 (neben ἡ τοῦ πατρὸς μνήμη I, 6, 6).

Einmal haben wir postpositives πέρι I, 11, 5 (s. o.) nach der Herstellung durch Mendelssohn.

9. Περί c. dativo.

Ohne Varianten erscheint die Präposition fünfmal, dreimal darunter in Verbindung mit einem Körper, resp. Körperteil, den ein Gewand umgiebt: τῆς περὶ τοῖς ποσὶ χιόνου ἐσθῆτος IV, 11, 6 — τῆς περὶ τοῖς σκέλεσιν ἐσθῆτος IV, 15, 3 — ἃ εἶχον περὶ τοῖς σώμασιν ἐσθῆτας VIII, 8, 6. Rein lokal ist: τὸ λοιπὸν πλῆθος περὶ ταῖς πύλαις στενοχωρούμενον VII, 9, 8 — ebenso auch περὶ τοῖς βωμοῖς χορεύοντα V, 3, 8, womit indess περὶ τοὺς βωμοὺς ἐχόρευεν V, 5, 9 zu vergleichen. — Zu VII, 9, 8 wäre ein analogon ἔμενε περὶ τοῖς τείχεσιν VIII, 6, 4 nach der Lesung von Ogl, während Mendelssohn παρὰ τοῖς τείχεσιν mit a liest. — Lokal ist auch αἴγλην τινὰ οὐράνιον περὶ τῇ κεφαλῇ συγγεγενῆσθαι αὐτῷ I, 7, 5, wo aber a die Variante περὶ τὴν κεφαλὴν darbietet; singulär ist τὰ ἐκείνων γηράσαντα καὶ περὶ ἀλλήλοις συντριβέντα („attriti inter se") III, 2, 8; doch auch hier lesen O und a παρά, περὶ nur gl und Reiske.

10. Περί c. accusativo.

Rein lokal sind folgende Fälle: ταραχῆς οὔσης περὶ τὸ προάστειον I, 12, 6 — ἔθεον περί τε τὰ ἱερὰ καὶ βωμοὺς II, 2, 3 — περὶ Λούγδουνον III, 7, 2 — ἱππασία περὶ τὸ κατασκεύασμα ἐκεῖνο γίγνεται IV, 2, 9 — πάσης περὶ αὐτὴν χώρας IV, 9, 4 — τὸν περὶ τὴν πόλιν αἰγιαλόν IV, 9, 8 — βωμοὺς πλείστους περὶ τὸν νεὼν ἱδρύσας V, 5, 8 — περί τε τοὺς βωμοὺς ἐχόρευεν V, 5, 9 — περί τε τὰ ἕλη διέτριβον VII, 2, 5 — περὶ ἐκεῖνα τὰ χωρία αἱ συμβολαὶ ἐγίγνοντο VII, 2, 6 — διαιρεθέντες .... περὶ πᾶν τὸ τεῖχος VIII, 4, 6 — τοῦ στρατοῦ περὶ αὐτὰ (sc. τὰ τείχη) διαιτωμένου VIII, 6, 4 — τῶν περὶ τὰς αὐλείους εἰσόδους φυλαττόντων VIII, 8, 6; lokal ist auch περὶ στόμαχον καὶ κοιλίαν τοῖ φαρμάκου γενομένου I, 17, 10.

II. Ferner wird περί verwendet zur Bezeichnung der persönlichen Umgebung einer Person: τοὺς περὶ αὐτὸν δορυφόρους I, 2, 4 — τῶν περὶ αὐτὸν θεραπόντων I, 6, 8 — οἱ περὶ τὸν Κόμοδον I, 9, 6 -- τῶν περὶ αὐτὸν δορυφόρων I, 10, 4 — IV, 11, 5 — πλείονι περὶ αὐτὸν ἐχρῆτο φρουρᾷ I, 11, 5 — οἱ περὶ αὐτόν I, 13, 6 — VII, 9, 7 — τῶν περὶ αὐτὸν στρατιωτῶν II, 7, 6 — IV, 14, 6 — τοὺς περὶ αὐτὸν κόλακας II, 10, 3 — τῶν περὶ αὐτὸν φίλων III, 5, 5 — τῶν περὶ αὐτὸν σωματοφυλάκων III, 12, 9 — μεθ' ἧς εἶχε φρουρὰς περὶ αὐτόν IV, 9, 6 — τοὺς περὶ αὐτόν V, 8, 8 — οἱ μὲν περὶ τὸν Μαξιμῖνον VII, 9, 1.

III. Rein temporal sind: περὶ δείλην ἑσπέραν II, 6, 6 — III, 12, 7 — περὶ ἑσπέραν III, 4, 4 — περὶ δείλην III, 11, 4 — IV, 4, 4 — περὶ μέσην ἡμέραν VIII, 5, 9; auch das ungefähre Lebensalter oder die Regierungsdauer wird mit περί angegeben: περὶ ἔτη γεγονὼς τεσσαρεςκαίδεκα V, 3, 3 — περὶ ἔτη που γεγονὼς τριςκαίδεκα VIII, 8, 8.

IV. Metaphorisch dient περί zur Angabe des Gegenstandes (Person oder Sache), auf den sich eine Thätigkeit erstreckt: a) bei Verben: ἀδικεῖν περὶ τὰς σπονδὰς καὶ τοὺς ὅρκους IV, 15, 7 — ἀπασχολεῖν περὶ τὴν κηδείαν I, 5, 1 — ἀσχολεῖσθαι περὶ συγκομιδὴν ἱστορίας I, 1, 1 — περὶ τὴν τῶν ῥημάτων προφοράν I, 8, 6 — περὶ τὰ κρείττονα VI, 1, 6 — περὶ τὴν πανήγυριν VIII, 8, 3 — διασχολεῖσθαι περὶ τὴν . . ἐπίγνωσιν VII, 6, 7, wo Bekker διά streicht — καινοτομεῖν περὶ τὴν βασιλείαν VI, 4, 7 — κακουργεῖν περὶ τὴν θεραπείαν τοῦ γέροντος III, 15, 2 —

3

νεωτερίζειν περὶ αὐτόν I, 13, 7 — ποιεῖν περὶ τοὶς δοκοῦντας εἶναι φιλτάτους VII, 6, 9 — σπουδάζειν περὶ ἅς (sc. θέας) II, 7, 10 — περὶ τὸν Νίγρον II, 10, 7 — περὶ τὰ θεάματα III, 13, 1 — περὶ παλαίστραν καὶ γυμνάσια IV, 3, 3 — περὶ τὰ ἐναντία IV, 4, 1 -- περὶ ὅν (sc. ἡνίοχον) IV, 6, 4 — περὶ τοῦτο VI, 1, 8. — b) bei Substantiven: τῆς περὶ τὴν μοναρχίαν ἐπιθυμίας IV, 4, 2 — τῆς περὶ τὰ καλὰ σπουδῆς I, 13, 7 — τὴν περὶ αὐτὸν σπ. II, 8, 7 — τῆς περὶ τὸν Νίγρον σπ. III, 1, 3 — τῆς περὶ τὰ θεάματα σπ. III, 10, 3 — ἡ περὶ τὰ θεάματα . . . . σπ. III, 10, 4 — ἡ περὶ ἐκεῖνα σπ. καὶ φιλονεικία III, 13, 1 — ταῖς περὶ τὰ αἴσχιστα σπ. III, 13, 6 — τῇ περὶ τὰ θεάματα σπ. III, 14, 1 — τῇ . . περὶ αὐτὸν σπ. V, 4, 11 — τῆς περὶ τὰ πολεμικὰ φροντίδος VI, 6, 6 — τῆς περὶ τοὺς στρατιώτας χρημάτων συνεχοῦς χορηγίας VIII, 3, 3. — c) bei Adjektiven: ἄπιστον γενόμενον περὶ τὸν φίλον VII, 1, 11 — πολλῶν περὶ θυτικήν τε καὶ ἡματοσκοπίαν ἐμπείρων VIII, 3, 7. — d) in dem einzelnen: τὴν ὁρμὴν καὶ τὴν γνώμην περὶ τὴν ἱπποδρομίαν ἔχων IV, 12, 7. — e) in den eigentümlichen Phrasen mit ἔχειν: περὶ λουτρὰ lavare IV, 4, 5 — περὶ σπονδὰς καὶ κύλικας „libamina et calices agitare" IV, 11, 4 — περὶ ἔξοδον „ad profectionem se comparare" (Steph.) V, 5, 1 und VI, 3, 1.

Ohne Casus findet sich περί an drei Stellen: ἐν ἔτεσι περί που διακοσίοις I, 1, 4 — ἔτη γεγονότα περί που ἐκκαίδεκα V, 7, 4 — ἐς ἔτος ἤδη περί που ὀγδοηκοστόν VII, 5, 2.

11. Πρός c. genetivo.

I. Die Präposition erscheint zunächst in der Bedeutung „von Seiten" zur Bezeichnung verwandtschaftlicher Verhältnisse, cf. Lutz a. a. O. p. 155: τὸ πρὸς πατρὸς αὐτῷ γένος I, 7, 4 — πρὸς γένους αὐτῷ ὑπάρχοντα III, 10, 6, nach Sylburgs richtiger Conjektur, während die Handschriften πρὸς γένος bieten; einmal auch mit derselben Bedeutung in anderer Weise, wo es mit παρά c. gen. korrespondiert: αὐτῷ περιεγένετο πρὸς τῶν οἰκείων μῖσός τε καὶ ὀργή VIII, 5, 3 — vielleicht gehört hierhin auch πάσης εὐνοίας μεθέξειν πρὸς ὑμῶν ἤλπικα I, 5, 4.

II. Ferner steht πρός im Sinne von ὑπό c. gen. bei aktiven Verben mit passiver Bedeutung: τεθνάναι πρὸς ἡμῶν VII, 5, 5 — πάσχειν πρὸς μηδενὸς βαρβάρων I, 13, 2 — πρὸς ἡμῶν ἔπαθεν II, 1, 8 — πρὸς αὐτοῦ πεπόνθασι II, 2, 8.

III. Ausserdem haben wir πρός bei folgenden Passiven: ἀμελεῖσθαι πρὸς τῶν ὄχλων VII, 3, 5 — ἀναιρεῖσθαι πρὸς ὑμῶν II, 5, 6 — ἀπόλλυσθαι πρὸς τῶν πολεμίων III, 9, 6 — εὐφημεῖσθαι πρὸς πάντων II, 3, 11 neben ὑπὸ τοῦ δήμου VII, 10, 8 -- θρησκεύεσθαι πρὸς τῶν ἐπιχωρίων V, 3, 4 — τὰς εὐεργεσίας κατατεθείσας πρὸς αὐτοῦ VI, 9, 1 — κελεύεσθαι πρὸς τῶν ἱερῶν νόμων V, 6, 2 — λέγεσθαι πρὸς αὐτοῦ I, 2, 3 — μισεῖσθαι πρὸς τοῦ δήμου II, 10, 4 — πιστεύεσθαι πρὸς τῶν ἐκεῖ στατιωτῶν II, 10, 4 — τιμᾶσθαι πρὸς πάντων βασιλέων IV, 6, 3 neben ὑπὸ τοῦ δήμου II, 1, 9 — πλείους ὑπὸ τοῦ οἰκείου πλήθους ἐφθάρησαν ἢ πρὸς τῶν πολεμίων VII, 9, 7.

12. Πρός c. dativo.

I. Rein lokal bedeutet πρός nahebei: πρὸς τῷ στρατοπέδῳ τοῦ Σεβήρου ἐγένοντο II, 13, 3 — γενόμενοι πρὸς τῷ τείχει τοῦ στρατοπέδου V, 3, 12 — ἐγένετο πρὸς τινι ποταμῷ μεγίστῳ VIII, 4, 1 — πρὸς τῇ Ῥωμαίων πόλει στρατόπεδον εἶχον VIII, 5, 8.

II. Hieran reiht sich τῶν πρὸς ταῖς κύλιξι III, 5, 5 bildlich-lokal, zugleich Umschreibung des einfachen οἰνοχόος, was sich IV, 4, 2 und V, 8, 2 neben ὀψοποιός findet.

III. Das lokale „nahe bei" ist in die metaphorische Bedeutung des „neben" übergegangen an zwei Stellen: πρὸς τῇ τῆς ἡλικίας ἀκμῇ καὶ τὴν ὄψιν ἣν ἀξιοθέατος I, 7, 5 — πρὸς τῷ οἰκείῳ καὶ ἐκ γένους ὀνόματι Κόμοδον ἀξιοῦσιν ἀποκαλεῖσθαι (sc. οἱ στρατιῶται τὸν Ἰουλιανόν) II, 6, 11.

13. Πρός c. accusativo.

I. Lokal, und zwar a) rein lokal erscheint πρός 1. zumeist bei persönlichen Begriffen: ἀπιέναι πρὸς τοὺς βαρβάρους III, 4, 7 — ἀφικνεῖσθαι πρὸς Μαρκίαν I, 17, 7 — πρὸς τοῦτον τὸν Περτίνακα II, 1, 5 — διαπέμπειν πρὸς πάντας τοὺς ἄρχοντας II, 9, 12 — εἰσάγειν πρὸς αὐτόν III, 12, 1 — εἰστρέχειν πρὸς τὸν ἀδελφόν I, 13, 1 — ἐκπέμπειν πρὸς αὐτόν II, 12, 6 — πρὸς ἕκαστον VII, 6, 3 — πρὸς πάντας VII, 7, 5 bis — ἐπανέρχεσθαι πρὸς Μαξιμῖνον VIII, 4, 1 — ἐπείγεσθαι πρός τε τὸν ἀδελφὸν καὶ τὴν μητέρα III, 15, 6 — ἥκειν πρὸς βασιλέας III, 12, 11 — καταφεύγειν πρὸς αὐτούς III, 2, 9 — μετέρχεσθαι πρὸς τὸν Ἀντωνῖνον V, 5, 1 — μετιέναι πρὸς τ. Ἀ. V, 4, 6 — παραπέμπειν πρὸς ἐκεῖνον VII, 7, 6 — πέμπειν πρὸς τὸν βασιλέα III, 1, 2 — πρὸς τὸν Πέρσην VI, 4, 4 — πρὸς τὸν Ἀλέξανδρον VI, 4, 4 — πρὸς αὐτούς VI, 7, 9 — στέλλειν πρὸς τὸν βασιλέα II, 8, 7 — φοιτᾶν πρὸς τὸν νέον Ἀντωνῖνον V, 4, 2. — 2. seltener bei unpersönlichen Begriffen: ἐπείγεσθαι πρὸς τοὺς βωμούς τε καὶ τὰ ἱερά VIII, 6, 8 — ἐπιστρέφεσθαι πρὸς τὴν πόλιν VI, 4, 2; von Verben anderer Art findet sich nur συνδεῖν: ναυσὶν ὢν πρὸς ἀλλήλας συνδεθεισῶν VI, 7, 6 — ausserdem noch das Substantivum δέσις: ἀμπέλων πρὸς ἀλλήλας δέσει VIII, 4, 5.

b) Bildlich-lokal α) in Verbindung mit Verben: ἀνθέλκειν πρὸς τὸ ἡδὺ τῆς ἡλικίας III, 10, 4 — πρὸς αὐτούς III, 13, 6 — πρὸς αὐτόν IV, 3, 2 — VIII, 8, 4 — πρὸς τὸ ἐνοχλοῦν VI, 5, 7 — ἀφορᾶν πρὸς τὰ ἀρκτῷα μέρη VI, 5, 1 — βλέπειν πρὸς μεσημβρίαν II, 11, 8 — πρὸς τὰ ἕῴα μέρη VI, 5, 2 — βραδύνειν πρὸς τὸν θάνατον III, 15, 2 — ἐπιδεῖν πρὸς τὴν συστάδην μάχην VI, 7, 8. — β) in Verbindung mit Substantiven: τὴν πρὸς τὰ κρείττονα ὁρμήν I, 6, 7 — τὰς πρὸς ἀνδρείαν ὁρμάς VI, 5, 9 — τὴν πρὸς τὸν γάμον σπουδήν IV, 11, 1.

II. Ferner dient πρός a) zur Bezeichnung der Gesinnung, die man gegen eine Person, selten eine Sache hegt, cf. Lutz a. a. O. p. 161. α) bei Verben: ἀγανακτεῖν πρὸς τὸν Ἀλέξανδρον VI, 6, 1 — πρὸς ταῦτα VII, 9, 3 — πρὸς τοὺς στρατηγούς VIII, 2, 2 — διακεῖσθαι πρὸς ὑμᾶς I, 4, 2 — πρὸς τὸν Περέννιον I, 9, 6 — πρὸς τὴν κόρην καὶ πρὸς τὸν πατέρα αὐτῆς III, 10, 8 — πρὸς τὴν ἐμὴν ἀρχήν VII, 8, 7 — πρὸς τὸν Καπελιανὸν τοῦτον VII, 9, 2 — πρὸς αὐτούς VII, 10, 1 — ἀπεχθῶς ἔχειν πρὸς αὐτόν I, 12, 5 — πρὸς τὴν ἐν τῇ πόλει διατριβήν IV, 7, 1 — τὸ ἐπιστρεφὲς ἔχειν πρὸς τοὺς φαύλους καὶ κούφους VII, 10, 6 — θρασύνεσθαι πρὸς τὰ ὑπείκοντα καὶ ὀκνοῦντα VI, 3, 7 — ὀργίζεσθαι ὡς πρὸς παρόντας VII, 8, 9 — ὀργῇ χρῆσθαι πρὸς τοὺς ἐν Ῥώμῃ φίλους III, 8, 1 — χαλεπαίνειν πρὸς . . τοὺς ἐκείνου φίλους III, 8, 3 — πρὸς ἐχθρούς III, 8, 7. — β) bei Substantiven: ἡ πρὸς τοὺς φίλους αἰδώς I, 8, 3 — τῆς πρὸς τοὺς ἄρχοντας αἰδοῦς II, 6, 14 — τῇ πρὸς τοὺς πολεμοῦντας βασιλέας ἀπεχθείᾳ III, 2, 7 — τὴν πρὸς τὰ πολεμικὰ ἔργα δειλίαν VII, 1, 6 — διαθέσει τῇ πρὸς τὸν πεσόντα IV, 5, 3 — τῆς πρὸς ἐκεῖνον εὐνοίας III, 2, 5 — τὴν πρὸς τὸν Πλουτιανὸν . . εὔνοιαν III, 12, 4 — τὴν πρὸς τὸν Ἀλέξανδρον εὔνοιαν V, 8, 3 — εὔνοιαν ἣν εἶχον πρὸς αὐτόν VIII, 6, 6 — φανερὰν πρὸς αὐτὸν ἔχθραν ἄρασθαι III, 5, 3 — μίσους πρὸς τὴν σύγκλητον βουλήν I, 8, 7 — τῷ πρὸς Νικομηδέας μίσει III, 2, 9 — εἴ τις πρός τινα αἰτίαν εἶχε μίσους VII, 7, 3 — τὴν πρὸς ἐκείνου ὀργὴν ἐχρῆτο III, 8, 1 — τὴν πρὸς ἅπαντας ὀργήν VII, 1, 4 — πρὸς τοὺς ἡγουμένους πειθώ VIII, 7, 5 — τῆς πρὸς ἐμὲ πίστεως III, 6, 3 — τὴν πρὸς τὴν σύγκλητον . . . πίστιν VII, 3, 4 — τῆς πρός με τιμῆς II, 3, 5 — αἰδοῦς τε καὶ τιμῆς πρὸς τοὺς ἄρχοντας VIII, 7, 1 — τὴν Βαρσημίου. . πρὸς Νίγρον φιλίαν III, 9, 1. — γ) bei Adjektiven: ἄπιστον ἢ ἀγνώμονα πρὸς τὸν νομισθέντα φίλον III, 6, 1 — (τὸ) εὔτακτον πρὸς τοὺς ἄρχοντας III, 8, 5 — τὸ πρὸς καλοῦντας . . ὀκνηρόν II, 8, 3 — τὸ πρὸς τοὺς βασιλεύσαντας πειθήνιον II, 10, 2 — τὸ . . . πρός τε θεοὺς σεβάσμιον . . πρός τε βασιλέας τίμιον ibid. — (τὸ) πρὸς τοὺς ἀρχομένους φιλάνθρωπον V, 1, 3. Auch unpersönliche Begriffe finden sich als Objekte: (τὸ) πρὸς τὰς μάχας ἐμβριθές II, 10, 8 — τὸ πρὸς χρηστότητα ἐπιρρεπές V, 1, 2 — τὸ εὐπειθὲς πρὸς τοὺς πόνους III, 8, 5 — κοῦφοι πρὸς τὰ καινοτομούμενα VII, 7, 1 — τὸ πρὸς τὰς ἐπιδόσεις ὀκνηρόν VI, 9, 4.

b) Zur Bezeichnung einer feindseligen Handlung (gegen, gegenüber) *a*) bei Verben: ἀντέχειν πρὸς τὴν τοῦ ἀέρος φθοράν I, 12, 2 — πρὸς τοὺς καμάτους III, 6, 10 — πρὸς ὄχλον δημοτῶν VIII, 3, 9 — διαφέρεσθαι πρὸς ἀλλήλους VI, 2, 7 — ἐγείρειν πόλεμον πρὸς ἄνδρα III, 5. 3 — ἐναντιοῦσθαι πρὸς ἃ ἐβούλετο III, 15, 7 — ἔχειν μάχην πρὸς τούς ... βαρβάρους VI, 2, 4 — ἰέναι πρὸς τ. β. VII, 8, 10 · μονομαχεῖν πρὸς θηρία VII, 8, 5 — παρασκευάζεσθαι ὡς πρὸς ἐχθρόν III, 5, 8 — στασιάζειν πρὸς ἀλλήλους III, 2, 8 — III, 3, 3 — III, 10, 3 — III, 13, 5 — IV, 1, 1 — IV, 3, 1 — συστῆναι πρὸς τὸν Κόμοδον I, 10, 4 — φιλονεικεῖν πρὸς τὴν ... πόλιν VII, 6, 1. — *β*) bei Substantiven: ἡ .. τῶν στρατιωτῶν πρὸς τὸν δῆμον διαφορά VIII, 1, 1 — ἔριδι τῇ πρὸς ἀλλήλας III, 2, 7 -- ἐν ταῖς μάχαις πρὸς τοὺς πολεμίους II, 9, 9 — τὴν πρὸς Σεβῆρον μάχην II, 11, 9 — αἱ Καίσαρος πρὸς Πομπήϊον ... μάχαι III, 7, 8 -- (αἱ) τοῦ Σεβαστοῦ πρὸς Ἀντώνιον (μάχαι) ibid. — τὰς πρὸς τοὺς Ἀτρηνοὺς Σεβήρου μάχας III, 9, 9 — πρὸς Ῥωμαίους VI, 2, 4 — τῆς πρὸς Γερμανοὺς μάχης VII, 2, 1 — τῆς πρὸς τοὺς βαρβάρους μάχης VII, 9, 3 — πρὸς τούτους καὶ τοὺς τοιούτους ὁ πόλεμος VII, 8, 8 — αἱ πρὸς τοὺς ἡγεμόνας .. πράξεις III, 5, 6 — τῆς πρὸς τοὺς δημότας ὕβρεως II, 4, 1 — ἡ φιλονεικία πρὸς μέγαν βασιλέα IV, 14, 6 — auch γυμνάσια τὰ πρὸς θηρία I, 17, 8. Hierhin gehören auch die folgenden Stellen: ἀντιστῆναι ἄνοπλοι πρὸς ὡπλισμένους I, 12, 7 — πεζοὶ πρὸς ἱππεῖς ibid. — τί γὰρ ἐνῆν δρᾶσαι γυμνοῖς πρὸς ὡπλισμένους καὶ ὀλίγοις πρὸς πολλούς II, 13, 11 -- μάχεσθαι γυμνοὶ πρὸς ὡπλ. II, 13, 4 — ὀλίγ. πρ. πολλ. ibidem und II, 5, 3.

Auch ganz allgemein bezeichnet πρός ein Verhältnis, ohne nähere Angabe der besondern Art („gegenüber"): ὅσα ἐκείνῳ πέπρακται ... πρός τε τοὺς τὰ ἀρκτῷα τῆς γῆς κατοικοῦντας πρός τε τοὺς ὑπὸ ταῖς ἀνατολαῖς ποιουμένους τὸν βίον I, 2, 5 — οὐ μικρᾶς δεόμενος δυνάμεως πρὸς πᾶσαν τὴν ἀντικειμένην ἤπειρον τῇ Εὐρώπῃ II, 14, 7 — ὑπηρεσίᾳ ἣν πρός με ἐπεδείξω III, 11, 5 — ἀπαγορεύοντος τοῦ στρατοῦ πρὸς τὰ εἰρημένα III, 9, 7 — πρὸς ταῦτα ἐξήρτυεν III, 14, 8 — πρός τε τὰ ἀρκτῷα μέλλοντα σε ἀπιέναι VI, 7, 3, cf. μέλλησιν πρὸς τὸ πάλιν ἐπάγειν VI, 7, 1 — ὑπτίαζε πρὸς τὴν τῶν πραγμάτων ἐπιμέλειαν III, 5, 5 — τὸ πλῆθος ... πρὸς τοὺς ἐπιόντας διαιρούμενον VI, 5, 2 — μερισάμενος πρὸς αὑτὸν τὴν ἀρχήν III, 10, 6 — τοῦτ' ἐγὼ πρὸς ἐκεῖνον ἐνειμάμην III, 6, 2; — ἀφηνιάζοντες πρὸς ἀλλήλους V, 2, 6. In gleicher Weise auch bei Adjektiven: πρὸς πάντα ἀνδρεῖον allem gegenüber II, 3, 1 — (τὸ) πρὸς τὰ μεγάλα τῶν τετολμημένων εὐλαβές II, 8, 2 -- σοφὸν πρὸς ἐπιβουλήν III, 5, 5 -- δυνάμεως ἰσορρόπου πρὸς τὸ ἀγγελλόμενον τῶν βαρβάρων πλῆθος VI, 3, 2 — endlich auch bei Substantiven: τὴν πρὸς αὐτὸν ἐπιγαμίαν I, 8, 3 — τὴν πρὸς τὸν Περτίνακα συγγένειαν II, 6, 9 — auch wohl: τῆς πρὸς Ἀλέξανδρον συναφείας IV, 8, 1.

c) πρός dient bei Ausdrücken der Friedenschlüsse und Verträge zur Bezeichnung der Partei, mit welcher etwas der Art zum Abschluss kommt" (Lutz a. a. O. p. 165) *a*) bei Substantiven: τὴν εἰρήνην πρὸς Ῥωμαίους VI, 7, 9 — κοινωνίας τῆς πρὸς ὑμᾶς IV, 14, 5 — τὰς πρὸς αὐτοὺς σπονδάς VI, 7, 9 — *β*) bei Verben: εἰρήνην ἔχοντες πρὸς θεούς VIII, 7, 4 — ἐσπένδετο πρὸς τὸν Σεβῆρον II, 12, 3 — σπεισάμενος πρὸς τοὺς βαρβάρους III, 15, 6 — σπεισάμενος εἰρήνην πρὸς τὸν Μακρῖνον IV, 15, 9.

d) Der präpositionale Ausdruck bezeichnet die Person, an die ein Wort oder ein Schreiben gerichtet ist: ἀναφέρειν (vortragen) πρὸς Μαρκίαν I, 16, 4 — πρὸς τὴν σύγκλητον II, 15, 5 — βοᾶν πρὸς τὸν δῆμον VIII, 8, 7 — γράφειν πρὸς τὸν δῆμον II, 4, 1 — εἰπεῖν πρὸς τοὺς στρατιώτας VI, 8, 6 — πρὸς οὕς ἔξειπεν V, 3, 10 — λέγειν πρὸς αὐτούς II, 13, 5 — III, 6, 1 — πρὸς αὐτόν VII, 5, 4 — πρός τινα VII, 8, 2 — πρὸς ὑμᾶς VII, 8, 4 — πρὸς ἑκάστους VIII, 3, 7 — λόγους ποιεῖσθαι πρὸς πάντας II, 14, 3 -- πρὸς ὑμᾶς VI, 3, 3 — τὰ πρὸς τὸν δῆμον .. γράμματα VII, 6, 9. Andrerseits wird bei diesen und ähnlichen Verben durch den präpositionalen Ausdruck auch der Gegenstand bezeichnet, auf den die Entgegnung erfolgt: ἀποκρίνασθαι πρὸς δύο ταῦτα III, 12, 11 — πρὸς τὰ λεχθέντα IV, 7, 2 -- ἀπολογεῖσθαι πρὸς τὰ προηημαρτημένα III, 14, 4 — φάναι πρὸς ταῦτα II, 1, 8 — II, 1, 10.

III. Final haben wir πρός α) bei Adjektiven: δύναμις οὐ μόνον πρὸς τὸ ἀπομάχεσθαι ἀλλὰ καὶ πρὸς τὸ ἀγωνίζεσθαι ἀξιόχρεως V, 4, 4 — αὐταρχες πρὸς τυραννίδος ἀκρασίαν I, 4, 4 — χρόνον αὐτάρκη πρὸς σώφρονα τοῦ σώματος ἐπιμέλειαν I, 6, 1 — δριμύτεροι ὡς πρὸς τὰς ἐννοίας III, 11, 8 — ἐπιτήδειος πρὸς μάχας II, 9, 11 — πρὸς τὸ κωλύειν τὰς ἐπιδρομάς VI, 4, 7 — πρὸς τὸ καινοτομεῖν VI, 8, 4 — πρὸς τὰς Γερμανῶν μάχας VII, 2, 2 — πρὸς πομπὴν μᾶλλον ἢ μάχην VII, 11, 7 — τὰ πρὸς ταφὴν ἐπιτήδεια VIII, 5, 7 (cf. oben ἐπιτήδειος c. εἰς und c. ἐπί). — ἕτοιμος πρὸς τὸν πόλεμον III, 8, 5 — πρὸς μάχας VII, 9, 3 — μάχιμος πρὸς τὴν συπτάδην μάχην III, 4, 8 — πρὸς οἶνον πυλύγονον χώραν VIII, 2, 3 — τὸ χρειῶδες πρὸς τὸν βίον I, 6, 9 — ἐξουσίαν ἀσθενεστέραν πρὸς τὴν βασιλείας ἐπιθυμίαν „minorem quam ut quis ea praeditus imperatoris dignitatem appetat" (Irmiscus) I, 9, 10. — β) bei Verben: ἄγεσθαι πρὸς γάμον IV, 10, 2 und ἀνάγειν πρ. γ. V, 6, 3 von Kettler, a. a. O. p. 37 für einen Latinismus erklärt. — αἰτεῖν πρὸς ἀναίρεσιν VI, 9, 4 — ἀναπείθειν πρὸς βασιλείας ἐπιθυμίαν I, 12, 3 — III, 11, 2 — γυμνάζειν πρὸς τὸ νήχεσθαι VII, 2, 6 — ἐκδιδόναι πρὸς θάνατον V, 13, 3 — ἐπιφέρεσθαι πρὸς τὸ ἑαυτοῦ χρειῶδες II, 7, 1 — παρασκευάζεσθαι πρὸς τὴν ἔξοδον II, 14, 6 — συλλαμβάνεσθαι πρὸς τιμωρίαν V, 8, 7. — γ) in freierer Weise: πρὸς ἄφεσιν um entlassen zu werden VII, 11, 2 — πρὸς βοήθειαν III, 14, 1 — πρὸς γάμους um einer Hochzeit beizuwohnen IV, 11, 6 — πρὸς εὐωδίαν IV, 2, 8 — πρὸς κολακείαν um zu schmeicheln I, 1, 2 — IV, 12, 4 — πρὸς ταφήν VII, 9, 7 — πρὸς φυγήν IV, 11, 6 — πρὸς χάριν II, 15, 7 — οὐ πρὸς χάριν ἀλλὰ πρὸς ἀλήθειαν III, 7, 3 — πρὸς τὸ .. παρασχεῖν II, 3, 7 — πρὸς τὸ μὴ πταῖσαι αὐτὸν ἢ διολισθαίνειν V, 6, 8 — πρὸς τὸ τοὺς στρατιώτας στέρρειν τοὺς παῖδας V, 7, 3 — πρὸς τὸ ἀρπάζειν VII, 12, 7. Hierhin gehören endlich auch noch folgende Stellen: πρὸς τε τὸ φυγεῖν ἢ διῶξαι . . . ἐμποδίζονται IV, 15, 3 — πρὸς τε οὖν τὸ διατρέχειν ἐνεποδίζοντο IV, 15, 5 — ebenso ἐμπόδια πρὸς τὴν δίοδον τῶν ἑλῶν III, 14, 8 und ἡ ἵππος πρὸς δρόμον ἐπείγετο VI, 5, 6.

IV. Causales πρός finde ich nur an einer Stelle: εἰσὶ δ᾽ οἳ πρὸς ἔχθραν ἢ μῖσος τυράννων .. εὐτελῆ καὶ μικρὰ ἔργα λόγων ἀρετῇ δόξῃ παρέδοσαν τῆς ἀληθείας μείζονι I, 1, 2 (aus Feindschaft oder Hass).

V. Mehr instrumental als kausal ist πρός an folgender Stelle: πρὸς τήν ..... ἀγγελίαν οὐ μετρίως ὁ Ἀλέξανδρος ἐταράχθη VI, 2, 3.

VI. Als begleitender Nebenumstand erscheint die Präposition IV, 11, 3: πρός τε αὐλοῖς καὶ σύριγγας τυμπάνων τε ἤχους ἐσκίρτων εὐρύθμως.

VII. Zweimal vertritt πρός die Stelle des objektiven Genetivs: αἱ πρὸς σωτηρίαν ἐλπίδες I, 3. 1 und πρὸς τὰ τετολμημένα τιμωρίαν ζητεῖτε II, 13, 6.

VIII. In κοινὴν εἶναί μοι πρὸς ὑμᾶς τὴν ἐπὶ τοῖς καταλαβοῦσιν ἀλγηδόνα I, 5, 3 möchte ich die Präposition additiv fassen.

IX. Nicht allzu häufig wird πρός temporal verwendet: πρὸς τὸ παρόν I, 3, 5 — II, 5, 4 — VIII, 8, 7 — πρὸς ὀλίγον I, 6, 7 — III, 7, 3 — VI, 9, 7 — VII, 6, 2 — πρὸς τὸ μέλλον I, 14, 2 — πρὸς τὸ νῦν II, 5, 6.

X. Zweimal findet sich ὅσον πρός (III, 15, 2 und VI, 9, 8) im Sinne von quantum attinet.

XI. Schliesslich führe ich noch die periphrastischen Verbindungen mit dem Neutrum des Artikels an: τὰ πρὸς πόλεμον II, 11, 9 — II, 12, 1 — II, 15, 1 — III, 14, 3 — III, 14, 9 — VI, 4, 3 — VI, 7, 6 — τὰ πρὸς τὴν μάχην III, 14, 5 — τὰ πρὸς τὴν ἔξοδον VI, 4, 1 — τὰ πρὸς τὴν εἴςοδον VII, 2, 9 — τὰ πρὸς τὸν Ἄλβῖνον II, 15, 5 -- τὰ πρὸς τοὺς βαρβάρους III, 15, 1 — τὰ πρὸς ἐκεῖνον IV, 14, 5.

14. Ὑπό c. genetivo.

I. Lokal, in der Bedeutung „unter" kommt ὑπό nur einmal vor: λαβόντα ἐγχειρίδιον ὑπὸ κόλπου I, 8, 5, wo Mendelssohn mit Verweisung auf VII, 4, 6 ὑποκόλπιον vermutet. II. Am häufigsten findet sich ὑπό bei passiven Verben zur Bezeichnung „der freundlichen oder feindlichen Einwirkung eines lebenden Wesens" (Lutz, a. a. O. p. 174); ich gebe im folgenden nur die Verba mit den Stellen an, wobei ich bemerke, dass der von ὑπό abhängende Genetiv mit einer Ausnahme ein persönlicher Begriff ist: ἀθροίζεσθαι III, 3, 6 — VII, 2, 2 — αἱρεῖσθαι VIII, 7, 3 — ἀμελεῖσθαι II, 7, 6 — ἀναγορεύεσθαι VI, 9, 5 — ἀναδείκνυσθαι III, 1, 1 — VIII, 6, 2 — ἀναιρεῖσθαι VII, 1, 10 — VII, 7, 3 — ἀναπείθεσθαι III, 2, 3 — ἀπόλλυσθαι VI, 7, 3 — ἁρπάζεσθαι IV, 11, 5 — ἄρχεσθαι VI, 8, 3 — ἀφαιρεῖσθαι V, 1, 8 — βάλλεσθαι I, 12, 7 — VII, 9, 8 — γυμνοῦσθαι VIII, 4, 10 — δηοῦσθαι VIII, 5, 3 — διδάσκεσθαι IV, 15, 8 — διοικεῖσθαι II, 11, 4 (abstr. pro concr.) — V, 5, 1 — ἐγχειρίζεσθαι IV, 12, 4 — ἐκβάλλεσθαι I, 16, 1 — ἐπιβουλεύεσθαι V, 8, 2 — ἐπιλέγεσθαι VII, 1, 3 — VIII, 2, 5 — VIII, 7, 3 — ἐπιπέμπεσθαι I, 8, 6 — εὐεργετεῖσθαι IV, 13, 2 — εὐφημεῖσθαι VII, 10, 8 — εὑρίσκεσθαι III, 4, 6 — ἡττᾶσθαι VII, 3, 2 — καλεῖσθαι III, 7, 8 — III, 12, 7 — IV, 7, 6 — IV, 13, 5 — καταλείπεσθαι II, 12, 7 — καταστρέφεσθαι VIII, 4, 8 — καταφρονεῖσθαι II, 7, 6 — VII, 12, 3 — νικᾶσθαι VIII, 3, 9 — ὁρᾶσθαι II, 9, 6 — V, 8, 1 — παραλύεσθαι VI, 2, 6 — παραπέμπεσθαι VI, 4, 2 — παραφράσσεσθαι III, 3, 2 — πατεῖσθαι V, 6, 10 — πείθεσθαι II, 13, 3 — πέμπεσθαι III, 2, 9 — V, 4, 8 — V, 8, 2 — VIII, 6, 6 — περιλαμβάνεσθαι II, 2, 9 — πιστεύεσθαι IV, 2, 11 — VII, 9, 3 — πλημμελεῖσθαι II, 10, 3 — ποθεῖσθαι II, 1, 9 — προάγεσθαι I, 12, 3 — II, 6, 12 — VII, 1, 3 — προςαγορεύεσθαι VI, 9, 6 — συλλαμβάνεσθαι I, 8, 6 — σίγεσθαι VII, 7, 3 — τιμᾶσθαι V, 7, 3 — VII, 1, 9 — τιτρώσκεσθαι VII, 9, 7 — ὑβρίζεσθαι III, 12, 12 — ὑποδέχεσθαι III, 10, 1 — φέρεσθαι IV, 7, 7 — φθείρεσθαι VII, 9, 7 — φιλεῖσθαι IV, 7, 7 — φονεύεσθαι VI, 1, 7 bis — VII, 5, 6 — ὠθεῖσθαι I, 12, 7 — ὠθεῖσθαι καὶ πατεῖσθαι VII, 8, 6 — VII, 9, 7; einmal: πατεῖσθαι ὑπὸ τῶν ἵππων I, 12, 7. Daran reiht sich das aktive πάσχειν VII, 12, 3. — Besonders führe ich alle die Fälle auf, in denen das Subjekt der passiven Konstruktion ein abstrakter Begriff ist: τὰ βουλευόμενα V, 8, 4 — τὰ γιγνόμενα IV, 11, 2, wo das Hyperbaton zu beachten — τὰ ἐπιλεχθέντα V, 8, 2 — τὰ κελευόμενα III, 1, 3 — τὰ κελευσθέντα IV, 12, 5 — VI, 4, 6 — τὰ λεγόμενα III, 12, 10 — II, 4, 1 — V, 5, 6 — τὰ τολμώμενα VI, 3, 1 — τὰ ἐψηφισμένα VII, 10, 5 — ἔργον γεγενημένον VIII, 4, 2 — πράγματα προδοθέντα III, 2, 3 — φήμη συσκευασθεῖσα VII, 1, 8 — διασκεδάννυται ὑπ' αὐτῶν φήμη VII, 6, 9 — τοῦ φόνου διαβοήτου γενομένου ὑπὸ τῶν ἔνδοθεν φυγόντων IV, 4, 8 — hierhin gehört auch das beachtenswerte: τῶν πεπραγμένων εἶναί τινα μνήμην εἴτε ὑφ' ἡμῶν εἴτε ὑπὸ Ῥωμαίων VIII, 7, 6. — „Leblose Wesen als Grund irgend welchen Zustandes" (Lutz a. a. O. p. 176), z. T. wechselnd mit dem Dativ, haben wir an folgenden Stellen: ἐπιχθεὶς ὑπὸ τῆς γαστρός IV, 13, 4 — φερόμενος ὑπ' ἀτελοῦς τῆς . . ἐμπειρίας I, 4, 3 — διοικουμένων τῶν πραγμάτων ὑπ' ἐξουσίας τε καὶ γνώμης γυναικός VI, 8, 3 — ὑπὸ τῆς ἐπιθυμίας ἐλαυνόμενος IV, 4, 2 — ὑπὸ τῆς ἐσθῆτος ἐμποδίζονται IV, 15, 1 — μὴ μόνον ὑφ' ἡλικίας ἀλλὰ <καὶ> χαμάτοις τε καὶ φροντίσι τετρυχωμένον I, 3, 1, wo der Wechsel von ὑπό mit dem Dativ zu bemerken ist. — παγέντες ὑπὸ τοῦ κρύους VII, 6 — ὑπὸ νόσου (ἀρθρίτιδος) ἐνοχλούμενον (III, 15, 4) III, 11, 1 — ὑπὸ τῆς συνεχοῦς ὁδοιπορίας συντετριμμένος V, 4, 11 — ὑπὸ πλήθους (ἀπονυγεῖς II, 2, 6 — ὑπὸ πλήθους λίθων καὶ ξύλων ἐκωλύθησαν VII, 10, 7 — ὑπὸ πλούτου καὶ τρυφῆς ἀνεπείσθη I, 12, 3 — τὰ τενάγη . . ὑπὸ Ἠριδανοῦ ποταμοῦ πληρούμενα VIII, 7, 1 — τοῦ νεὼ καταφλεχθέντος ὑπὸ τοῦ πυρὸς I, 14, 4 — πάντα ἀνάπτεται ὑπὸ τοῦ πυρός IV, 2, 10 — διὰ τὸ τὰς ἐξόδους ὑπὸ τοῦ πυρὸς προκατειλῆφθαι VII, 12, 7 — προςαχθεὶς ὑπὸ τοῦ ῥεύματος III, 9, 10 - ὑπὸ τῆς τῶν ἔργων συνέσεως ἐλαυνόμενος IV, 7, 1 — ὑπὸ τῆς τῶν ὁρῶν τραχύτητος ἐπείχετο VI, 5, 6 — ὑπὸ τῆς . .

τρυφῆς . . . . . διεφθείροντο III, 10, 3 — ἱπό τινος δαιμονίου τύχης ἐπειχθέντος I, 9, 5 —
ἑαυτὸν βασιλέα τετηρῆσθαι ὑπὸ τῆς τύχης IV, 4, 6 — ὑπὸ τῆς τύχης ἐκεχειραγώγητο VII, 1, 2 —
παρειμένον αὐτὸν ὑπὸ τοῦ φαρμάκου καὶ μέθης I, 17, 11 -- ὑπὸ τῆς φήμης .. ἐτρώθησαν V, 8, 5
— (χώματος) ὑφ' οὶ κωλυόμενοι IV, 15, 5 -- ὑφ' ὧν οἱ Ῥωμαῖοι ἐπείθοντο II, 7, 5.
 III. ὑπό dient „rein kausal zur Angabe des Beweggrundes" (Lutz p. 178) in der
Bedeutung „wegen, aus, infolge": ὑπὸ τῆς ἄγαν ἀκρασίας I, 3, 2 — ὑπ' ἀνάγκης III, 8, 2 —
ὑπὸ ἀσθενείας τε καὶ ἀθυμίας I, 4, 7 — ὑπὸ τῆς τῶν λίθων συνεχοῦς βολῆς 1, 12, 9 — ὑπὸ
βασιλικῆς ἐξουσίας III, 13, 6 — ὑπὸ κουφότητος III, 1, 3 — ὑπὸ μέθης II, 1, 2 — ὑπὸ νηπιό-
τητος I, 17, 4 — ὑπὸ περιττῆς πραότητος καὶ αἰδοῦς πλείονος VI, 1, 10 — ὑπὸ φήμης ex rumore
VII, 10, 5 — ὑπὸ παιδαριώδους φιλονεικίας III, 10, 3; es entspricht dem lateinischen prae zur
Angabe des hindernden Grundes: χώματος δυσβάτου ὑπὸ τῶν σωμάτων σεσωρευμένων „agger prae
cadaverum multitudine vix pervius" (Steph.); so, scheint mir, muss IV, 15, 5 mit der Aldina
gelesen werden; Mendelssohn hat σεσωρευμένον im Text. — ὑπὸ δέους καὶ ἀγνοίας οὐκ ᾔδει τὸ
πεπραγμένον VII, 5, 4.

15. Ὑπό c. dativo.

 I. Die Präposition ist rein lokal: ὑπὸ σκηναῖς διαιτώμενοι V, 2, 6 — κρύπτοντες ὑπὸ
ταῖς ἐσθῆσιν . . . ὅπλα VII, 4, 4 — μένοντες ὑπὸ σκηναῖς αὐτοσχεδίοις VIII, 5, 4 — ὑπὸ γυμνῷ
τῷ ἀέρι ibid. — Dazu gehören auch die ziemlich zahlreichen Fälle, in denen ὑπό zur Bezeichnung
der Himmelsgegend dient: τοὺς ὑπὸ ταῖς ἀνατολαῖς I, 2, 5, cf. Mendelssohn p. 7 im Apparat —
τὴν ὑπὸ τῇ ἄρκτῳ ἀρχήν I, 6, 6 — τῶν ὑπ' ἄρκτῳ . . ἐθνῶν II. 9, 12 — τὸ μὲν ἐν ἀνατολῇ τὸ
δὲ ὑπ' ἄρκτῳ III, 7, 7 — τὰς ὑπ' ἀνατολαῖς καὶ ἄρκτῳ νίκας III, 14, 2 — τῶν ὑπὸ ταῖς ἀνατ.
ἡγεμόνων VI, 2, 3 — τῶν ὑπὸ ταῖς ἀνατολαῖς ἐθνῶν VI, 2, 3 — τὰ ὑπὸ ταῖς ἀνατολαῖς VI, 7, 3
— οἱ ὑπὸ ταῖς ἀνατ. κατοικοῦντες VI, 7, 4 — ὑπ' ἄρκτῳ VI, 7, 6 — τῶν ὑπὸ ταῖς ἀνατ. πται-
σμάτων VI, 8, 3 — τὰ ὑπ' ἀνατολαῖς καὶ μεσημβρίαις VIII, 5, 6; ein Naturereignis wird aus-
gedrückt: ὑπὸ νιφετοῖς καὶ χιόσιν ὡδοιπόρει III, 6, 10.
 II. Bildlich-lokal sind anzusehen: ὑφ' ἑνὶ σχήματι καὶ θηλειῶν πολυτέλειαν καὶ ἡρώων
ἰσχὺν μιμοίμενον I, 14, 8 und ὑπὸ περιφερείᾳ κεφαλῆς μιᾶς IV, 8, 2.
 III. ὑπό wird gebraucht „von der Begleitung und vermittelnden Form, unter der eine
Thatsache besteht" (Bernh. Synt. 266): χορεύοντα ὑπό τε αὐλοῖς καὶ σύριγξι κτλ. V, 3, 8 —
προῄει ὑπὸ αὐλοῖς καὶ τυμπάνοις V, 5, 4 -- ἐχόμενον ὑπὸ παντοδαποῖς ἤχοις ὀργάνων V, 5, 9 —
dahin gehören auch folgende Ausdrücke: ὑφ' ἑνὶ συνθήματι συλλαμβάνονται II, 13, 4 -- ὑφ' ἑνὶ
σημείῳ προσπεσόντες IV, 9, 6 — ὑφ' ἑνὶ συνθήματι . . . . . . ἐπιδραμεῖν IV, 11, 5.
 IV. Übertragen bezeichnet ὑπό das Unterthansein: bei den Verben ἀνατρέφεσθαι
διοικεῖσθαι παιδαγωγεῖσθαι: ὑπὸ ταῖς μητράσι καὶ τῇ μάμμῃ ἀνετρέφοντο V, 3, 3 — ὑπὸ τῇ μητρὶ
καὶ τῇ μάμμῃ παιδαγωγούμενον V, 8, 10 — ὑπὸ ταῖς γυναιξὶ διῳκεῖτο VI, 1, 1 — ὑπὸ σατράπαις
διῳκῆσθαι VI, 2, 2 — ἀνατραφεὶς ὑπ' αὐτοῖς VI, 4, 2. — β) bei πιπράσκεσθαι (cf. sub hasta
venire): ὑπὸ κήρυκι I, 12, 3. — γ) εὐδαιμονοίημεν ἂν τὰ δέοντα πράττοντες ὑπὸ τοιούτῳ μάρτυρι
I, 5, 7 — ὥσπερ ὑπὸ μάρτυρι τῷ Διΐ κτλ. VII, 10, 3. — δ) τῇ ὑπὸ Περτίνακι ἀρχῇ II, 4, 3 —
Φοινίκων ὑπὸ τῇ Νίγρου ὄντων ἐξουσίᾳ II, 7, 4 — ὑπὸ μιᾷ ἦσαν ἐξουσίᾳ II, 9, 2 — ὑπὸ
Μάρκῳ βασιλεύοντι II, 9, 9 — ἵλεως . . . ἀνδρὶ στρατηγείσθαι III, 6, 6 — τὸν ὑφ' ἑαυτῷ στρατὸν
III, 11, 9 — τῶν ὑπ' αὐτῷ χιλιαρχούντων III, 11, 1 — ἔθνη ὅσα μὴ ὑπὸ ταῖς τούτων βασιλείαις
IV, 10, 3 — τῶν ὑπὸ Ῥωμαίοις ἐθνῶν VI, 3, 1 — τοῖς ὑπὸ Ῥωμαίοις VI, 3, 2 — τὴν ὑπὸ Ῥ.
γῆν VI, 7, 4 — ὑφ' ᾧ βασιλεύοντι ἐβεβιώκεισαν VI, 9, 3 — τὴν ὑπὸ Ῥωμαίοις δύναμιν VII,
8, 9 — Μαυρουσίων τῶν ὑπὸ Ῥ. VII, 9, 1 — εἶχεν ὑφ' αὐτῷ δύναμιν VII, 9, 2 — τοῖς ὑπὸ
Βαλβίνῳ στρατευομένοις VIII, 7, 7. — ε) zur Bezeichnung des Eindruckes, unter dem jemand
steht oder unter dem etwas geschieht: ἱστορίαν ὑπὸ νεαρᾷ τῇ τῶν ἐντευξομένων μνήμῃ ἤθροισα
ἐς συγγραφήν I, 1, 3.

16. Ὑπό c. accusativo.

I. Rein lokal steht ὑπό nur bei ἄγειν und φέρειν: μή τι φέροι ὑπὸ κόλπον III, 5, 7 und ὑπὸ τὰς ἀγκάλας ἄγουσα IV, 3, 9; bildlich-lokal nur bei πίπτειν: τὰ δεινὰ ὑπ' ὄψιν πεσόντα I, 4, 2. II. Übertragen dient es α) zur Bezeichnung der Himmelsgegend, unter welcher hin sich etwas erstreckt: τῶν ὑπὸ τὴν ἀνατολὴν βαρβάρων II, 1, 4 — οἱ ὑπὸ τὴν ἀνατ. ἄνθρωποι III, 11, 8 — τῶν ὑπὸ μεσημβρίαν ἐθνῶν IV, 3, 7 — Λίβυες <οἱ> ὑπὸ μεσημβρίαν VII, 5, 8, cf. ὑπό c. dat. I. — β) zur Bezeichnung einer Örtlichkeit τὰ ὑπ' Εὐρώπην πάντα „omnia quae Europae subiacent" (Steph.) IV, 3, 5 — στρατόπεδον εἶχον ὑπὸ τὸ καλούμενον ὄρος Ἀλβανόν VIII, 5, 8 (sub monte Albano). — γ) es wird von der Gegend auf die Bewohner oder Beherrscher übertragen, unter deren Gewalt jemand sich befindet: ἐν τῷ ὑπὸ Ῥωμαίους ἔθνει III, 14, 9 — ἡ ὑπὸ Ῥωμαίους οἰκουμένη V, 2, 2 und ἀνθρώπων τῶν ὑπὸ τὴν Ῥωμαίων ἀρχήν I, 4, 8.

§ 7. Die Präpositionaladverbia.

a) Mit dem Genetiv.

I. Nur je einmal erscheinen:

ἀντικρύ: ἀντικρὺ τοῦ τῆς συγκλήτου συνεδρίου I, 14, 9.

ἀπωτέρω: τοῖς ἀπωτέρω τῆς πόλεως βασιλικοῖς κτήμασι I, 11, 5.

δίχα, im Wechsel mit ἄνευ: δίχα μάχης καὶ ἄνευ ὅπλων VII, 3. 6.

ἕνεκα postpositiv mit dem substant. Infinit., einen Finalsatz vertretend: τοῦ πανταχόθεν κωλύεσθαι ἕνεκα τὴν δίοδον τοῦ στρατοῦ III, 3, 2.

ἐπέκεινα: οἵ τε ἐπέκεινα Τίγριδος καὶ Εὐφράτου σατράπαι II, 8, 8.

πλησίον: πλησίον ἐγένετο τῆς Ῥώμης I, 7, 3.

II. Zweimal findet sich:

δίκην (einmal postpositiv): ἅπερ ὄντα κοῖλα δίκην νεῶν VIII, 4, 4 — καταχέοντες ὄμβρου δίκην VIII, 4, 9.

III. Dreimal steht πορρωτάτω: (τὰ) πορρωτάτω τῆς πόλεως (κτήματα) I, 7, 3 — II, 6, 3 — ὡς πορρωτάτω τῆς Ῥώμης II, 13, 9.

Ebenso oft, stets postpositiv, kommt χάριν vor: τῆς . . ἀσφαλείας χάριν III, 12, 7 — θρησκείας δὴ χάριν V, 3, 9 wobei der Einschub der Partikel bemerkenswert ist — ὧν χάριν ἠπείγοντο VIII, 8, 7.

IV. Ἄνευ wird einmal mit einem Personalbegriff verbunden: ἐβασίλευσεν ἄνευ τοῦ πατρὸς καὶ τοῦ ἀδελφοῦ IV, 13, 8 — ferner mit konkreten Sachbegriffen: ἄνευ τῶν ὅπλων II, 2, 9 — ἄνευ ὅπλων VII, 3, 6 neben δίχα — ἄνευ τε ὅπλων ὄντες VII, 11, 5 — einmal postpositiv χαλινῶν ἄνευ VII, 9, 6 — sodann mit abstrakten: ἄνευ μάχης καὶ κινδύνου II, 15, 4 — ἄνευ πολέμου καὶ μάχης III, 6, 3 — ἄνευ τῆς ὑμετέρας γνώμης V, 1, 8 — ἄνευ ὑπηρεσίας VII, 3, 4 — endlich zweimal mit dem Infinitiv: ἄνευ τοῦ δεινόν τι δρᾶσαι II, 3, 9 — ἄνευ τοῦ βιάζεσθαί με ἢ ἁρπάζειν V, 3, 9.

V. Ἐντός erscheint viermal bei einem reinen Ortsbegriff: ἐντὸς τοῦ τείχους II, 5, 9 — II, 6, 4 — VII, 11, 9 — ἐντὸς τοῦ ἐρύματος III, 2, 6 — ohne einen solchen in ἐντὸς τῶν ὅπλων II, 13, 5 — IV, 9, 6. In der Bedeutung „diesseit" steht es: ἐντὸς ἑκατοστοῦ σημείου II, 13, 9 und ἐντὸς Τίγριδος ποταμοῦ VI, 2, 1.

VI. Ἔξω (im ganzen 7mal) bedeutet rein-lokal „ausserhalb" „hinaus aus": φέρουσιν ἔξω τῆς πόλεως IV, 2, 6 — (πτώματα) ἔξω τῆς πόλεως κομισθέντα IV, 6, 1; zum lokalen Gebrauch gehören auch noch (στρατῷ) ἔξω τῆς μάχης γεγονότι III, 7, 3 und μείναντες ἔξω τοξεύματος VIII,

4, 6 ausser Schussweite. — Übertragen bedeutet ἔξω ohne: ἔξω κολακείας προςποιήτου I, 4, 5 und οὐκ ἔξω φρενῶν καθεστώς III, 11, 8 = recht verständig sein; an der letzten Stelle: ἔξω πάσης με ὄντα ὑποψίας II, 5, 7 hat es den Sinn: über — hinaus, „über allen Verdacht erhaben sein."

VII. Μεταξύ: a) rein lokal ὁ Ταῦρος μεταξὺ ὤν Καππαδοκίας τε καὶ Κιλικίας III, 1, 4 — τὰ τενάγη <τὰ Ο> μεταξὺ Ἀλτίνου καὶ Ῥαβέννης VIII, 6, 5 —

b) Temporal mit eigentümlicher Stellung: ὁ μεταξὺ χρόνος τῆς παρελθούσης ἑορτῆς καὶ τῆς μελλούσης III, 8, 10. —

c) Zur Bezeichnung eines Mitteldinges: ἦν αὐτῷ τὸ σχῆμα μεταξὺ Φοινίσσης ἱερᾶς στολῆς καὶ χλιδῆς Μηδικῆς V, 5, 4.

VIII. Μέχρι (30mal) bezeichnet a) das räumliche Ziel: τὴν Ῥωμαίων ἀρχὴν μέχρις ὠκεανοῦ προαγάγοιτε I, 5, 6 — μέχρι τῶν τῆς Ῥώμης πυλῶν (διώκοντες) I, 12, 8 — τῆς μέχρι Εὐφράτου γῆς II, 7, 4 — εἰσιέναι μέχρι τοῦ δωματίου III, 11, 6 — βρεχομένοις μέχρις ἰξύος III, 14, 6 — τὰ δὲ ἐπέκεινα μέχρις ἀνατολῆς IV, 3, 7 — πάντα μέχρις Ἰωνίας καὶ Καρίας VI, 2, 2 — ἄρχειν Πέρσας μέχρις Ἰωνίας τε καὶ Καρίας VI, 4, 5 — τὰ μέχρις ὠκεανοῦ Γερμανῶν ἔθνη βάρβαρα VII, 2, 9 — ἦλθον μέχρι τῆς εἰσόδου τῆς συγκλήτου VII, 11, 2. — b) das zeitliche Ziel: μέχρι τῶν Μάρκου καιρῶν I, 1, 4 — μέχρι τινός eine Zeit lang I, 8, 3 — VI, 9, 5 — μέχρι τούτων bis dahin = so lange I, 15, 7 — μέχρι Μάρκου II, 10, 3 — μέχρι τέλους τοῦ βίου παρθενεύεσθαι V, 6, 2 — μέχρι Δαρείου VI, 2, 2 -- μέχρις Ἀρταβάνου VI, 2, 7 — einmal begegnet uns ein Temporalsatz: μέχρις οὗ ἐς τὴν πόλιν ἐςέβαλον III, 7, 6 und zweimal finden wir μέχρι mit νῦν ohne Casusbezeichnung verbunden: I, 16, 2 — II, 10, 7. —

c) Es steht übertragen oder bildlich-lokal: μέχρι ἀδελφῆς ἰδίας ἔρωτος προχωρῆσαι I, 3, 3 — ἐχώρησε μέχρι μητρῴου φόνου I, 3, 4 — μέχρι τραυμάτων προϋχώρει I, 15, 8 — καταφρονήσεως καὶ μέχρις αἵματος αὐξηθείσης II, 6, 14 — ἐν ἅπασιν οἷς ἔπραττον μέχρι τῶν εὐτελεστάτων ἔργων IV, 3, 4 — οὐδέ τις ἦν φειδὼ ἡλικίας οὐδὲ μέχρι νηπίων IV, 6, 1 — ἀπέσκωπτε καὶ μέχρις αἰσχρᾶς βλασφημίας IV, 12, 1.

Besonders erwähnenswert sind die beiden Fälle, in denen μέχρι die Bedeutung hat: nicht drüber hinaus oder nur bis (cf. Vahlen, Com. zu Arist. Poet.³ p. 115): εἰσὶ δ' οἱ μέχρι προςηγορίας καὶ τιμῆς ἐφημέρου μόνης ἐλθόντες I, 1, 5 — und τὸ .... μέχρι βοῆς θρασύ VII, 8, 6 = mutig nicht über das Schreien hinaus.

IX. Πλήν (6mal) steht a) in Verbindung mit lebenden Wesen: ὅσα κερασφόρα πλὴν ταύρων I, 15, 3 — ζῷά τε πάντα ὅσα ἥμερα πλὴν χοίρων V, 6. 9 — (φίλοι καὶ τίμιοι) πλὴν τῶν .. φυγεῖν ἢ λαθεῖν δυνηθέντων VI, 9, 7, —

b) in Verbindung mit leblosen Gegenständen: οὐδὲ τραῦμα ἄλλο πλὴν τοῦ θανατηφόρου I, 15, 3 — πάντα ὑπῆρχην ὅσα Σεβαστῇ πλὴν πυρός I. 16, 4 — ποῖα φέροντες ὅπλα παρ' οἷς οὐδὲν πλὴν δορατίων VII, 8, 5.

b) Mit dem Dativ.

Ἅμα (33mal) bezeichnet das Zusammensein a) in Verbindung mit Personen oder persönlichen Begriffen: ἅμα τῇ Μαρκίᾳ II, 1, 3 — ἅμα τῷ Ἐκλέκτῳ II, 1, 6 -- ἅμα τοῖς παισί III, 14, 3 — ἅμα τῇ μητρί IV, 1, 1 — V, 8, 10 — ἅμα γονεῦσί τε καὶ ἀδελφοῖς IV, 9, 5 — ἅμα τῷ λοιπῷ πλήθει VI, 7, 5 — ἅμα τῷ υἱῷ VII, 7, 2 — ἅμα τοῖς δορυφόροις VIII, 1, 2 — ἅμα παισὶ καὶ γυναιξί VIII, 4, 7 — ἅμα τῷ ἵππῳ VII, 2, 6 — ἅμα τοῖς ἵπποις VIII, 4, 3.

b) bei leblosen Begriffen: ἅμα πολλῷ ποτῷ I, 17, 10.

II. Einigemal haben wir additives ἄμα: τὸ ἐς τὰ τολμώμενα ἄμα τῷ θαρραλέῳ εὔελπι
II, 14, 2 = εὔελπι καὶ θαρραλέον — τὸ εὔτακτον ἄμα τῷ κοσμίῳ VI, 3, 7 womit zu vergl. τὸ
κόσμιον καὶ εὔτακτον II, 4, 1. —
  III. Temporales ἄμα 1. bei reinen Zeitbestimmungen: ἄμα ἡλίῳ ἀνίσχοντι III, 4, 4 —
IV, 15, 1 — VIII, 1, 5. — 2. zur Angabe der Gleichzeitigkeit bei andern Begriffen: ἄμα τῇ τοῦ
ζῴου ὁρμῇ ἔφερε τὴν πληγήν I, 15, 4 — τὰ χρηστὰ ἄμα τῇ ἀπολαύσει καὶ τὴν περὶ αὐτῶν μνήμην
συναναλίσκει II, 3, 7 — ἄμα τῷ βίῳ καὶ τὴν ἀρχήν καταλῦσαι V, 3, 1.
  IV. Ziemlich zahlreich sind die Fälle, in denen ἄμα mit dem substant. Infinitiv einen
Temporalsatz vertritt: I, 5, 5 -- II, 3, 3 — II, 14, 1 — III, 2, 4 — III, 2, 5 — IV, 5, 2 -
IV, 5, 3 — V, 1, 6 -- VII, 1, 6 — VII, 4, 5 — VII, 9, 4 — VIII, 4, 9.

c) Mit dem Accusativ.

Ὡς als Präposition in der Bedeutung „zu" bei Personen findet sich nur an einer
Stelle: εἰ τὴν Πεσινουντίαν θεὸν μεταγάγοιεν ὡς αὐτούς I, 11, 3 und auch so nur im Monacensis
und den Codices der zweiten Klasse, während Vindobonensis und Venetus εἰς αὐτούς darbieten.
Ausserdem haben aber noch an einer andern Stelle die codd. *A* und *B* ὡς nämlich IV, 13, 8
οἳ μὲν ἕκαστος ὡς τὰς σκηνὰς ἐπανῆσαν, wo Mendelssohn mit V und i ἐς liest; hier ist vielleicht
ὡς im Texte zu lassen, cf. Bernh. Synt. p. 215.

Inhaltsübersicht.